LEADER

领导力

发掘自身潜能
精于领导技艺

ID

Discover your
leadership profile
Learn how to improve!

【英】 大卫·皮尔比姆（David Pilbeam） 著
格伦·沃利斯（Glenn Wallis）

马晓艺 译

中国出版集团 现代出版社

图书在版编目（CIP）数据

领导力：发掘自身潜能，精于领导技艺 /（英）大卫·皮尔比姆（David Pilbeam），
（英）格伦·沃利斯（Glenn Wallis）著；马晓艺译 . — 北京：现代出版社，2021.1
ISBN 978-7-5143-8878-7

Ⅰ.①领… Ⅱ.①大… ②格… ③马… Ⅲ.①企业领导学 Ⅳ.①F272.91

中国版本图书馆 CIP 数据核字（2020）第 209288 号

版权登记号 01-2020-5713
© Pearson Education Limited 2018 (print and electronic)
This Translation of Leader iD is published by arrangement with Pearson Education Limited.

领导力：发掘自身潜能，精于领导技艺

作　　者：［英］大卫·皮尔比姆（David Pilbeam）　格伦·沃利斯（Glenn Wallis）　著
译　　者：马晓艺
选题策划：杨　静
责任编辑：杨　静　赵海燕
出版发行：现代出版社
通信地址：北京市安定门外安华里 504 号
邮政编码：100011
电　　话：010-64267325　64245264（传真）
网　　址：www.1980xd.com
电子邮箱：xiandai@vip.sina.com
印　　刷：三河市宏盛印务有限公司

开　　本：880mm×1230mm　1/16
印　　张：7.75　　　　　　　　　字　　数：140 千
版　　次：2021 年 1 月第 1 版　　印　　次：2021 年 1 月第 1 次印刷
书　　号：ISBN 978-7-5143-8878-7
定　　价：49.80 元

关于
作者

大卫·皮尔比姆专门为个人和团队提供领导力和绩效指导。大卫有经营企业和教育领域领导者方面的经验，这使他能够帮助人们强化优势并不断取得成功。大卫的风格被描述为具有挑战性、激励性和务实性，他在工作中使用以绩效和优势为中心的方法。大卫还是教练主管和作家。

大卫拥有教练和指导实践方向的硕士学位，是教练协会和教练研究所的成员，领导力挑战的高级执行师，以及认知风格测试官方认证的执业者。

在一对一教练辅导和团队教练辅导、领导力发展、教练发展以及推行组织变革项目方面，大卫拥有17年的经验。他具有强大的业务背景，曾担任过许多管理职务，并担任过休闲部门的运营总监，其中包括加入由4人组成的执行团队。该团队于1993年成立了一家企业，并于1999年以盈利出售。

大卫在亚洲、非洲和欧洲葡萄牙工作生活了12年，参与了许多涵盖不同文化和国籍的项目。

格伦·沃利斯博士是 Glenn P Wallis 的负责人，Glenn P Wallis 是一家位于英国伦敦的精品教练咨询公司。格伦是全球为数不多的拥有教练和指导博士学位的专业人士之一。格伦帮助高管和高级领导者发展所需的内省技能、高阶思维和心理适应能力，从而实现职业发展和持久的成果。格伦也是一名主题演讲者和作家。

除了博士学位，格伦还拥有教练和指导实践方向的硕士学位，是设在哈佛大学医学院旗下的教练研究所的助理，并且是 RSA（皇家文艺制造商业协会）的资深会员。

格伦坚信教练与指导和其他形式的高级领导力支持项目不同，具备实证性应用和专业性应用。格伦的工作由扎实的学术基础以及与组织内各个级别的领导者合作近20年的实践经验所支撑。

此外，出于求知欲，格伦研究开发了集中进行虚拟教练的方法和技术工具。

不工作时，格伦和他的妻子住在泰晤士河畔里士满的伦敦自治市镇。人们经常看到他在周日早晨沿着泰晤士河的小径跑步。

前言

什么是领导者 iD？

"领导力的发掘是深入自我的旅程，你可以用自己的风格解决一切问题。领导力关乎自我认知。"

——通用电气首席执行官杰夫·伊梅尔特

领导者 iD 是一份简单的在线测试，也是本书的一部分。它能给出你作为领导者的大致印象，体现你目前的个人特点及领导能力。一旦你知晓了自己的领导者 iD，便十分有利于为自己、团队、领导、客户及你的事业赢得成功。领导者 iD 将助你更全面地认识自己，而拥有这份自我认知是成长为卓越领导者的必经之路。

想仅凭挖掘自身潜力就在工作中精于领导吗？

请往下看……

领导者 iD 为何如此重要？

领导者对自己的身份形成了清晰的认知后，他们所在组织的绩效就会突飞猛进。了解自身有助于他们成功地扮演"领导者"的角色。有了清晰的自我认知，他们便更有信心施展有效的领导能力，此后也必将领导有方。

领导有方能为同事、老板、主要利益相关者和客户带来好处，使组织能够继续迎接挑战。这也正是我们想要提供给你的。

在最近的一项调查中，不到2/3的首席执行官认为组织中的高层领导完全有能力应对未来的商业挑战。同一项研究中，人力资源主管认为只有18%的高层领导能力极强。诸如此类的研究表明，一场领导者危机即将到来。那些头脑清晰、能够灵活应对挑战的成熟领导者对于任何组织和社会未来的成功都至关重要。

我们用领导者 iD 里的基本原则指导了数百名高层领导，他们在过去20年里不断成长，在领导力方面出类拔萃。

现在这些基本原则也可以为你所用。

为什么我们现在要撰写《领导力》一书？

在担任领导力顾问和教练的职业生涯中，我们有幸与数百名高层领导及其团队共事。我们共同合作以实现目标、迎接挑战，并帮助许多人克服障碍、取得成功。然而，尤其是最近，我们注意到了组织变革的无情步伐及其对许多领导者的直接影响。在日常工作的变动中，领导力被放在了次要位置。任务一件件完成，但极少引发真正的变革，人们也极少得到应有的成长和挑战。许多高层领导并不想成为更高层的领导，他们害怕被无情的组织机器压垮，宁愿守在原地。

总而言之，许多领导者迷失了方向。他们不知道该关注什么，也没有意识到自己是决定组织成功与否的关键人物。我们希望吸取经验并与你分享，以便你在最不确定的时期，也能重新发现成为杰出领导者所需的清晰条理。

许多组织削减了促进领导者发展的资金投入，更有甚者把钱花在落后且无效的发展干预措施上。如果你把这种迷失感和上述事实结合起来，那么首席执行官和人力资源主管对其高层领导缺乏信心就不足为奇了。我们工作的专业性意味着在已经帮助了许多领导者之后，我们意识到自己可以帮助更多人。

领导者iD这个平台让我们为更大的领导者群体作出贡献，

远超我们直接的工作效果。

有许多像你一样的领导者忙碌不安却又渴望发展，坚信自己可以更有效地领导，这本书就是我们为你带来的救生索。回想最初的那一刻，有人对你说"我们想让你来领导"，于是你在虚线上签上姓名。我们想帮助你塑造领导者形象，重燃最初的动力。

在当今的职场中，怎样才能成为一名高效的领导者？

如今的工作场所结构极其复杂，不仅包括实体建筑、商品和服务，还有各行各业采用的创新商业模式。企业筒仓结构和职能部门正在消失，而项目团队、虚拟团队和不同的员工正在涌现。枯燥的会议室和低效的围坐商讨遭到舍弃，随之引入站立式办公和站立式会议。办公室被拆除，取而代之的是开放式空间，科技也取代了很多人际互动。尽管技术的进步使一些重要的事物消失了，但如果技术实施得当，将彻底改变我们的生活方式。灵活工作、精益方法论和快速原型都是工作和创造的新方法。每种变化都会产生一个共同的影响：更快的节奏。

在当今职场，速度即一切。

在这样的情况下，领导者要尽到职责。准备充分的领导者会飞速发展，尚未成长并适应新形势的领导者则会越来越落后，甚至比前辈们在20世纪80年代、90年代和21世纪初更快被抛弃。

领导者需要一本指南，告诉他们如何在这种"新常态"中发挥领导作用。《领导力》正是这份指南。就如何"成为"一名高效领导者以及如何在当下和未来"实现"高效的领导，这本书提供了帮助和建议。

要想在新形势中取得成功，领导者需要：

● 接受模糊性。

● 思维灵活。

● 不仅要关注情境的独特性还要关注人的独特性。

● 对各种各样的观点持开放态度，即便这些观点将挑战你长期持有的"真理"、价值观和信念。

新职场也需要新信心。这种信心并非来自学科专家的身份，而是来自在挑战性情况下的自我意识和对自身能力的信念。领导者尤其需要适宜的自我效能感，将其看作对自身的一种信念，相信自己的行为举止将带来成功的结果。对我们将要承担的任务、如何承担这些任务、我们能坚持多久及如何看待自己的付出、高自我效能感都有积极的影响。自我效能感高的领导比自我效能感低的领导更倾向于寻求领导角色，而且在所有条件都相同的情况下，他们的领导效率更高。重要的是，自我效能感会随着你对自己认知清晰度的增加而增加。

在适应、灵活应变和树立典范的同时，领导者在当今职场还需要发展自我、发展他人。无法实现自我改变不可取，无法实现团队成员、同事以及每天都会接触的人的发展同样不可取，用同一种出于好意但机械的方法来发展他人照样不可取。领导者需要学会欣赏身边的每个个体的独特性，并相应地调整自己的风格。这一点在劳动力性质迅速变化的情况下尤为重要。

即使你和我们一样，不认为1985—2000年出生的一代人拥有普遍的驱动力、欲望和梦想，很明显他们对于生活和工作理想状态的期望在不断变化。如果你要领导他人，就需要对变化中的期望做出反应，对为自身及团队设定的高绩效标准做出反应。要想在组织中取得成功，发展和增长的首要关注点可能在自身。

这本书将如何帮助你成为一名领导者？

忙碌的领导者在发展自我时会面临一些挑战，包括：

- 组织往往不愿意投资于发展。
- 发展项目通常在固定时间开展，而非你需要之时。
- 组织机构通常采用"一刀切"的方法来培养独特人才。
- 发展项目往往缺乏对个人现状进行基准测试的机制。
- 发展项目一贯缺乏证实个人进步的机制。

无论是日常生活还是长期发展，自我意识对发展都十分重要。加深自我意识对自身发展至关重要，同时也是与他人合作和发展他人的关键因素。《领导力》的妙处在于你将通过使用诊断工具，按照自己的方式阅读相关章节，来发展自我意识能力。

　　一旦完成了《领导力》档案，你就可以优化并调整学习内容，从而以最有效的方式取得最大的进步。通常，基于书籍的发展项目无法提供个性化学习。但幸运的是，《领导力》为使用者提供基准参考、进步方法图和成功实现发展的丰富资源，克服了这个普遍缺陷。

领导者 iD 模型如何运作，如何帮助领导者蓬勃发展

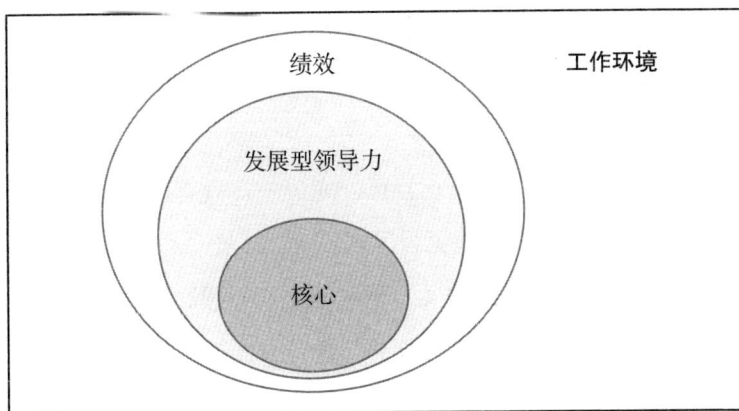

图前言 –1

让我们用一个熟悉的比喻来解释领导者 iD 模型：一个简单的多层洋葱模型。

领导者 iD 模型的**核心**层代表你自己，表明你的为人、深层的"自我"。外一层是你作为领导者展现的技能，这些技能中你最应有效掌握的是"发展型领导力"。再外层代表了你的核心和发展型领导力的结合如何对"绩效"产生积极影响。如果你的领导者 iD 不能提高自身、团队和企业的绩效，那就没有任何意义。

你自身、领导力以及相应的绩效并不是在真空中产生的，而是在一定的环境中产生。环境的规模和范围取决于诸多因素。这里要记住一点，你与所领导的整个系统紧密相连。在你自身、你的领导力和你所处的环境之间存在着双向动态关系。

这个模型还可以用另一种方式解释：从外到内。通常情况下，我们从内部入手并向外延伸，但有时从模型的外部"环境"入手并向内探寻也大有启发。

培养技能和个人特质很难孤立完成。在没有搞清领导力执行环境的情况下，学习就更为困难。从"环境"到"绩效"、从"发展型领导力"再到"核心"对模型进行反思，突出了领导环境对模型其他各层的影响。此外，这种方式还能展现领导者身份要素的内在依赖性。

记住你作为领导者需要实现的绩效以及所处的工作环境，

下一章你将进行领导者iD诊断。

如何阅读《领导力》

　　你即将开始阅读本书第一部分并完成自己的领导者iD档案。一旦你拥有了自己的领导者iD，就可以根据自身具体情况自由地浏览本书的其余部分。很快，我们就会说明为什么你可能不想一页页翻阅这本书，但首先，让我们解释一下第二至第四部分的架构：第二部分侧重于身份，每一章会专门介绍我们在模型中使用的各个身份要素：共情、探索、视角、决心和平衡。第三部分侧重于领导力，每一章会专门介绍我们在模型中使用的各个发展型卓越：体现卓越、提倡卓越、欣赏卓越、发展卓越。第四部分提供了3种工具，帮你把理论付诸实践。

　　第二部分和第三部分中的每一章都包含一些洞见。每个洞见都与《领导力》分析工具中设置的问题相呼应，并附带大量的建议、练习和反思，目的是让你根据自己的领导者iD从章节中提取信息。你可以按需自主阅读各个话题，随心选择或独特或大众的阅读方式。

　　让我们简要地看一个示例。如果说你在共情这一要素上得分不高，那就通读一下关于共情的那一章，完成全部的学习和发展活动。如果你在共情上整体得分还行，但在某一具体的话题得分不好，那么你可以关注这一具体的洞见，专心钻研。这本书的设计能让你拥有极大的灵活性，自行塑造发展项目，也能让你设定精确目标，自主分配领导力发展时间。

　　每一章所包含的洞见都与现实世界的行动、思维的改变、行之有效的建议和反思性教练问题相关联。从我们的经验来看，这些洞见为领导者带来了真正且持久的改变。仅通过阅读可能会给你带来一些改变，但是只有当你愿意每天践行必须的步骤，确保你所追求的发展得以实现，并且坚持做出改变，才有可能获得真正的成功。

目录

第一部分

你的领导者iD档案

第一章

诊断工具

你好吗

我们基于对诊断工具的研究成果写了这本书，并在本章专门介绍领导者 iD 档案这一诊断工具。领导者 iD 档案是一个自我评估工具，让你对自己在 9 个领域的表现打分，而我们的研究表明这 9 个方面对你作为领导者的发展至关重要。

完成领导者 iD 档案是你探索自己的领导者 iD 模型，并找到通向未来成功最佳路径的第一步。一定要全神贯注，至少花一个小时来做这件事。可能用不了一个小时那么长，但你要做好准备，牢记这是绝佳的时间投资，花费的时间会在短期内获得超值的成功回报。

无论是现在还是将来，如果你想以领导者的身份生存发展，完善领导者 iD 档案都能让你认清自己目前与这个模型的匹配程度，并帮你确定急需关注的方面。

虽然我们生来具有不同的能力，但成为领导者所需要的特征和品质，任何人都可以开发培养。挑战在于要知道开发什么，以便有效地在需要提升的方面努力。当你查看领导者 iD 档案的结果时，你可能会发现自己已经在某些方面扮演了领导者的角色，这些都是你需要保持的优势。练习最后的问题要求你对自己的优势和劣势进行反思，并在此基础上制订初步的行动计划。

我们也鼓励让一些同事来评价你，询问他们觉得你擅长哪些方面，又有哪些方面需要改进，给出一些具体的例子。你可以在书中完成领导者 iD 档案，也可以通过以下网址在线访问：

URL:www.glennpwallis.com/leader–id

如果你想获取全面反馈版的领导者 iD 档案，请访问吧！

准备好了吗？让我们开始吧……

你的领导者 iD 档案

如何填写领导者 iD 档案

1.领导者 iD 档案中有45条表述，要想实现未来的成功，我们认为你需要在工作中始终如一地践行表述中的行为。

2.领导者 iD 档案分析部分将这45条表述分成9组，每组5个表述，对应于构成领导者 iD 模型的9个元素。

3.通读每个表述并思考"我做出这种行为的频率如何",然后选择最适合各个表述的回答,圈出来。

4.对自己要诚实,从实际出发考量自己参与行动的程度。

5.不要根据你想怎样表现或者你认为自己应该怎样表现来回答。

6.以你平日里对待大多数项目和大多数人的典型行为作答。

7.深思熟虑后再回答。例如,所有表述都给自己5分,很可能并非对自己行为的准确描述。同样,所有都给1分或3分也很可能不准确。大多数人做事的频率都会或高或低。

8.如果你觉得某句话不适合你,那很可能是因为你不常有这种行为。在这种情况下评分为1。

准备好了吗

确保自己身处舒适的环境中,拥有所需的一切(也许是一杯咖啡或是最喜欢的啤酒),并且至少1小时内不会被打扰。

	从不	很少	经常	几乎总是	总是
1. 我在与他人建立工作关系上投入时间和精力。	1	2	3	4	5
2. 我待人友善,慷慨大方,会抽出时间帮助那些面临挑战的人。	1	2	3	4	5

续表

	从不	很少	经常	几乎总是	总是
3. 我能很好地适应不同的社交场合，让别人感到轻松自在。	1	2	3	4	5
4. 我对企业的共同利益有个人责任感和社会责任感。	1	2	3	4	5
5. 我致力于帮助他人在工作中作出最好的贡献。	1	2	3	4	5
6. 如果有更好的方法，我不会满足于用传统的方法做事。	1	2	3	4	5
7. 我对一切都很好奇，总是提出问题，热衷于发现新信息。	1	2	3	4	5
8. 做决定之前我会考虑各种可能的选择和依据。	1	2	3	4	5
9. 我鼓励他人像我一样热爱学习。	1	2	3	4	5
10. 我对事物提供有价值的见解，看待世界的方式也能为他人所理解。	1	2	3	4	5
11. 我是一个懂得感激的人，会花时间对出色的工作表示感谢。	1	2	3	4	5
12. 我充满希望，也鼓励他人看到积极的未来。	1	2	3	4	5
13. 我喜欢笑，也喜欢鼓励他人在适当的时候看到轻松的一面。	1	2	3	4	5

续表

	从不	很少	经常	几乎总是	总是
14. 我欣赏在所有工作领域中熟练表现带来的美感。	1	2	3	4	5
15. 我始终坚信工作具有更高的目标和意义。	1	2	3	4	5
16. 面对威胁、挑战和困难，我从不退缩。	1	2	3	4	5
17. 我很清楚是非对错，并以此约束我的行为。	1	2	3	4	5
18. 工作时我不会分心，完成任务时会感到满足。	1	2	3	4	5
19. 我带着激情和活力去做所有工作。	1	2	3	4	5
20. 我重视自己的优势，也重视他人的优势。	1	2	3	4	5
21. 我会给犯错的人第二次机会。	1	2	3	4	5
22. 我是个谨慎的人，在得出结论之前会审视所有可能的选择和结果。	1	2	3	4	5
23. 我更喜欢用个人成就来证明一切。	1	2	3	4	5
24. 我严于律己，能控制自己的情绪。	1	2	3	4	5
25. 我待人公平，尊重他人。	1	2	3	4	5
26. 我通过不断努力把工作越做越出色，为他人树立了榜样。	1	2	3	4	5

续表

	从不	很少	经常	几乎总是	总是
27. 我履行对他人的承诺。	1	2	3	4	5
28. 我捍卫他人的组织价值观。	1	2	3	4	5
29. 我行事正直。	1	2	3	4	5
30. 我打造卓越文化和高效率文化。	1	2	3	4	5
31. 我描绘了一幅迷人的未来图景。	1	2	3	4	5
32. 我向他人说明如何能实现他们自己的抱负。	1	2	3	4	5
33. 我为包括自己在内的人们设定了高标准。	1	2	3	4	5
34. 我在公共论坛上发言时思路清晰，信心十足。	1	2	3	4	5
35. 我对愿景展现出激情，许下诺言。	1	2	3	4	5
36. 我确保人们因为工作取得成果而得到认可。	1	2	3	4	5
37. 我接受不同的观点，鼓励创新思维。	1	2	3	4	5
38. 我不断寻求表现上的微小改进，最终彰显进步。	1	2	3	4	5
39. 我从团队之外寻找灵感和新思维。	1	2	3	4	5

	从不	很少	经常	几乎总是	总是
40. 我创造了一种环境，让人们感到表达真实想法是有价值的并受到鼓励分享想法和信念。	1	2	3	4	5
41. 我通过共情和信任来建立牢固的关系。	1	2	3	4	5
42. 我提供并鼓励以绩效为中心的反馈。	1	2	3	4	5
43. 我把每个人当作个体来对待，作为教练辅导他们走向卓越。	1	2	3	4	5
44. 我鼓励人们利用优势，管理劣势。	1	2	3	4	5
45. 我个人有责任帮助他人提高绩效。	1	2	3	4	5

分析

1~5题——所选的答案即你的分数，也就是说，如果你第1个问题选择是4，那么该问题的得分为4分。

分数

1. ＿＿＿＿＿＿＿＿

2. ＿＿＿＿＿＿＿＿

3. ＿＿＿＿＿＿＿＿

4. ＿＿＿＿＿＿＿＿

5. ＿＿＿＿＿＿＿＿

共情总得分   >>>

6~10题——所选的答案即你的分数，也就是说，如果你第6个问题选择是2，那么该问题的得分为2分。

分数

6. _____

7. _____

8. _____

9. _____

10. _____

探索总得分   >>>

11~15题——所选的答案即你的分数，也就是说，如果你第13个问题选择是1，那么该问题的得分为1分。

分数

11. _____

12. _____

13. _____

14. _____

15. _____

视角总得分   >>>

16~20题——所选的答案即你的分数，也就是说，如果你第19个问题选择是4，那么该问题的得分为4分。

分数

16. ＿＿＿＿＿＿＿

17. ＿＿＿＿＿＿＿

18. ＿＿＿＿＿＿＿

19. ＿＿＿＿＿＿＿

20. ＿＿＿＿＿＿＿

决心总得分　　　　>>>

21~25题——所选的答案即你的分数，也就是说，如果你第24个问题选择是2，那么该问题的得分为2分。

分数

21. ＿＿＿＿＿＿＿

22. ＿＿＿＿＿＿＿

23. ＿＿＿＿＿＿＿

24. ＿＿＿＿＿＿＿

25. ＿＿＿＿＿＿＿

平衡总得分　　　　>>>

26~30题——所选的答案即你的分数，也就是说，如果你第30个问题选择是1，那么该问题的得分为1分。

分数

26. ＿＿＿＿＿＿＿

27. ＿＿＿＿＿＿＿

28. ＿＿＿＿＿＿＿

29. ＿＿＿＿＿＿＿

30. ＿＿＿＿＿＿＿

体现卓越总得分　　　　　　　>>>

31~35题——所选的答案即你的分数，也就是说，如果你第32个问题选择是1，那么该问题的得分为1分。

分数

31. ＿＿＿＿＿＿＿

32. ＿＿＿＿＿＿＿

33. ＿＿＿＿＿＿＿

34. ＿＿＿＿＿＿＿

35. ＿＿＿＿＿＿＿

提倡卓越总得分　　　　　　　>>>

36~40题——所选的答案即你的分数，也就是说，如果你第39个问题选择是1，那么该问题的得分为1分。

分数

36. ＿＿＿＿＿＿＿

37. ＿＿＿＿＿＿＿

38. ＿＿＿＿＿＿＿

39. ＿＿＿＿＿＿＿

40. ＿＿＿＿＿＿＿

欣赏卓越总得分　　　　　　　　>>>

41~45题——所选的答案即你的分数，也就是说，如果你第41个问题选择是1，那么该问题的得分为1分。

分数

41. ＿＿＿＿＿＿＿

42. ＿＿＿＿＿＿＿

43. ＿＿＿＿＿＿＿

44. ＿＿＿＿＿＿＿

45. ＿＿＿＿＿＿＿

发展卓越总得分　　　　　　　　>>>

总得分

填写以上各部分的得分：

第一部分

第一部分的25个表述介绍了研究发现的思维方式，领导者需要在工作中不断实践，以建立信誉并取得未来的成功。

得分

共情 ＿＿＿＿＿＿＿＿＿＿＿＿＿/25

探索 ＿＿＿＿＿＿＿＿＿＿＿＿＿/25

视角 ＿＿＿＿＿＿＿＿＿＿＿＿＿/25

决心 ＿＿＿＿＿＿＿＿＿＿＿＿＿/25

平衡 ＿＿＿＿＿＿＿＿＿＿＿＿＿/25

第二部分

第二部分的20个表述介绍了研究发现的领导行为，领导者需要在工作中积极参与，激发出他人最好的一面，并打造卓越的文化。

体现卓越 ＿＿＿＿＿＿＿＿＿＿＿＿ /25

提倡卓越 ＿＿＿＿＿＿＿＿＿＿＿＿ /25

欣赏卓越 ＿＿＿＿＿＿＿＿＿＿＿＿ /25

发展卓越 ＿＿＿＿＿＿＿＿＿＿＿＿ /25

领导者iD档案总得分　　　　　>>>

结果分析

领导者iD档案的主要目的是了解你的相对优势和相对劣势，这样你就可以根据这些信息采取实际行动。所以，

你对哪个（些）自我因素给自己评分最高？

你对哪个（些）自我因素给自己评分最低？

你对哪个（些）领导行为给自己评分最高？

你对哪个（些）领导行为给自己评分最低？

你能从分数中得出哪些一般结论？

在领导力表现中，你会优先考虑改进哪些方面？

你对测试结果的最初预测如何？

下一步

阅读这本书的每一章，继续发展技能和自我意识时，把你的领导者iD档案成绩单放在手边。

你可能希望通过本书创建自己的路线图，按照从诊断分析中得到的建议，自由阅读接下来的章节。

第二章

发展自我，培养领导力

伟大的领导者是天生的还是后天培养的

做得很好！现在你已经初次完成了领导者 iD 档案。相比以前，你具备了全新的、更深层次的自我意识，随之而来的是强大的力量和推动变革的动力。现在我们想分享一些关于成为领导者的关键思想，该过程涉及什么，以及如何确保实现所需的发展。

本章我们将探讨一些关于领导力的基础知识，这些基础知识可能会动摇你对领导者持有的核心信念。我们会促使你改变对自己成为"伟大领导"的能力的看法。你将会开始认识到自己在"伟大领导人物"历史长河中所处的位置，认识到为什么自己很有可能在其中脱颖而出。如果你在接受自己的领导者 iD 这一想法时有些困难，我们可以解释为什么会这样。我们也鼓励你把领导者的发展看作一个主动而非被动的过程。

让我们搞清楚一件事：成为"伟大的"领导者和成为"著名的"领导者不一样。许多关于领导力的书籍经常会以改变世界的著名领导者为例，我们不采用这种方法有两个非常简单的原因。其一，我们不指望你改变世界。如果你能做到，那当然很棒，但在本书里，这并非变得"伟大"的必要条件。其二，与我们交谈过的大多数人都了解，阅读温斯顿·丘吉尔、圣女贞德、马丁·路德·金博士、贝娜齐尔·布托、甘地等人的故事可能会带来好处，但他们难以设想自己能达到这样的高度。这些著名领导者实现的惊人成就让他们看起来遥不可及。

诸如史蒂夫、玛丽、马克、拉曼杰特和埃斯特这样的名字会出现在伟大的领导者名单中。他们都是"普通"人，但将普通工作做到极致。这些人一开始在自己所选的领域内出类拔萃，后来成为团队和组织的杰出领导者。这些人在所属的圈子和行业之外通常还不为人所知，但在圈子内被看作"伟大的"领导者。这些人和你十分相似。成为一个"伟大的"领导者完全在你的能力范围之内。

环境的重要性

领导风格通常反映了领导者所处的时代和环境。工业革命时代很大程度上由独裁式的领导风格主导，工厂老板等领导者的指示理应得到无条件遵循，员工只是一种资源。与此相反，当强大的工人团体和工会如雨后春笋般涌现，这时最优秀的领导者意识到权力正在发生转移。

我们现在生活在一个更加多元化的社会，大多数人的选择和自由几乎无所限制。随着技术的发展和工作场所的迅速变化，领导理论已经不断扩展反映着变化，其中包括实现高效领导的各种方法，如：

- 仆人式领导
- 真诚式领导
- 勇敢式领导
- 综合式领导

重点是，为了有效地领导，你需要很好地适应所在的领导环境。适应并完全依照环境做出不同反应，尤其是环境不利于出色工作的时候，适应是指对轻则导致短视，重则限制职业发展的环境进行反抗或否定。

进化：你天生适合成为领导者吗

你是天生的领导者吗，还是说后天培养比先天基因更能塑造你的领导能力？这是一个老生常谈的问题，下文将对此略加说明。

包括现代人类史在内的大约250万年的历史，从最开始，人们就生活在小家庭或大家庭中。基本决策是确保生存的关键技能，但同时也会伴随着摩擦和冲突。在这些小群体中，某些人会成为能够处理冲突、保持群体团结并帮助形成生存决策的人。此外，当一项任务需要多人完成时，人们必须在特定的时间聚在一起，共同打猎、建造庇护所等。这些时候，善于将不同的个体组织起来，成为更有效率的"群体"的领导者会崭露头角（Bloom，2000）。在这些关键点上出现的个体就是最初的领导者。

在过去的250万年里，担任领导角色的人对我们的遗传密码有什么影响？据研究表明，领导者的角色同追随者的概念一样，已深深根植于人们心中（van Vugt & Ronay，2014）。近期研究已证实，领导力确实与基因有关。研究结果表明，领导力与一小段遗传密码有关，被创造性地称为rs4950（De Neve，Mikhaylov，Dawes，Christakis，& Fowler，2013）。由此看来，最新研究确定了遗传因素对领导能力的影响。

正如我们所见，成为高效领导者是先天因素和后天因素共同作用的结果。但相比被迫做事，我们更偏向于自愿完成的工作、学习的技能和领导的环境。换句话说，就成为领导者而言，后天培养（或许）胜过先天遗传。

玛丽的案例

用玛丽自己的话来说，她是英国一家大型零售商中"一位还行的经理"。她不认为自己是一名领导者，也不觉得自己在工作的组织中很有影响力。尽管玛丽的直线经理认为她工作极其出色，带领了绩效最好的团队之一，她的下属也愿意为她赴汤蹈火，玛丽对自己的看法还是没有改变。玛丽的内心总是告诉自己最好低调行事，不要接受他人试图加给自己的光环，打消成为业内资深人士的想法。其他人认为她是个领导者，尽管她自己有意无意拒绝这一身份。玛丽面临的挑战是，企业想提拔她，但只有当她发展出与企业其他高级领导者更相符的身份时才会这么做。

参加了一些高管培训课程之后，玛丽逐渐认识到，自己对组织内外人员产生了积极影响，并且能够促成显著的成果。玛丽得到了公司各个层面的反馈，都反映了她的高度成就。慢慢地，她开始对领导者的身份有了自己的看法，从听命于更高层人士，变成一个能够对整个企业的成功产生积极影响的领导者。玛丽最近升职了，我们最后一次谈话时，她表示很喜欢自己的新职位。

玛丽是幸运的，因为她所在的组织重视领导力，愿意花时间培养她，并且显然希望她能成功。环境对玛丽的成功至关重要。

如果你发现自己和玛丽的处境类似，你是否希望自己所在的组织提供这样的支持？

领导力不取决于你在组织中的位置，而主要取决于你的思维方式（并非你领导的具体人数或头衔）。无论你是天生具备一系列领导力，还是必须依靠学习来获得这些能力，都可以展示出卓越的领导力。挑战部分则来自你对领导环境的认识，即你工作所处的文化环境以及你对领导有方重要性的信念。好消息是，一旦你决定要成为一名伟大的领导者，就有能力去实现它。你可以调整自己的身份，并将其与发展各类技能相结合。此时此地，你就可以开启这个过程。

身份是什么

身份认同是哲学家和心理学家对许多历史进行详尽研究时讨论的一个学术话题。这一术语经常与其他相关词汇互换："角色""人格""个性"和"自我"。这些术语本身也有数千篇期刊文章和上百本书专门讨论。身份显然是件大事，毕竟"我是谁"是人类生存的核心问题。

就领导者 iD 而言，身份被定义为：

"身份即你自己和他人对你的看法，这不仅关乎外表（外部身份），更关乎感受（内部身份）。"

定义领导力

从本书的目的出发，我们需要定义的第二个术语是领导力，以及什么是领导者。我们知道关于身份的文献有很多，但与领导力相关研究相比，就显得微不足道了。显然，领导力是笔非常大的生意，每年美国单是在领导力发展方面的支出就超过140亿美元。

让人松口气的是，对这本书来说，我们有一种简单的方法来定义组织中的领导力：

"如果你能让包括自己在内的人类产生积极的组织表现和行为，你就是一个领导者。"

我们不会浪费时间去区分"经理"和"领导"。你是管理任务、项目、截止日期，还是领导人们工作都行。我们也不关心你在组织里的位置或是头衔。成为领导者与头衔无关，只关乎你自身和你的行为。其实我们的定义考虑到了这样一个事实，不，应该说是坚持了这样一个事实，那就是要想成为合格的领导者，你至少需要让自己在组织内表现积极。

你想成为怎样的领导者

接下来，我们会请你思考自己的领导理念和领导力发展的
基本原则。我们也会分享领导力发展模式，并可以借此指导你
发现并形成自己的领导者 iD。

你的领导理念是什么

这是纳尔逊·曼德拉（摩根·弗里曼饰）在电影《成事在
人》中向南非橄榄球队队长弗朗索瓦·皮纳尔（马特·达蒙饰）
提出的问题。电影《成事在人》讲述了 1995 年南非举办橄榄球
世界杯赛的故事。

高度成熟的领导者似乎能够清晰地表达出个人的领导理念，
这可能受到过去的经历、文化、政治或心理因素的影响。如果
你想要自信地领导，那么制定一个连贯的、为人接受的领导模
式是至关重要的一步。你的领导理念存在于内心，可能仍需要
被发现。发展和完善领导者 iD 意味着识别出自身吸引人追随的
领导特质，并开始有意识地使用和发展这些特质。

图2-1

图2-1表现出要发展强大的领导力需要注意3个方面的因素：领导者、追随者和环境。

领导力是与追随者在组织环境下的社会互动过程，因此，发展产生于这3个元素的交集处，如上图所示。没有任何一个因素可以单独刺激领导力增长（或交付成果）。

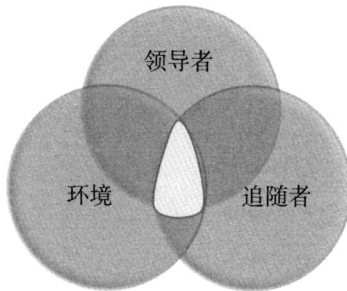

图2-2

图2-2表现出随着领导者强化自身、追随者和环境的关系，领导力会得到提升。

只有采取行动时，安静的反思才对发展有用。只行动不反思就算能够学习，也只是在潜意识中发生。基于可以把在别处奏效的方法迁移到新环境，然后"一键开始"这一假设，忽略所处的环境，就容易提出"一刀切"的方法。只有关注所有3个方面，才能确保学习得以进行，同时确保根据你的核心——"自我"构建适当的领导者iD，从而取得成果。

领导力与我

下面一些问题可以让你开始培养自己的领导理念，让你踏上发现自己领导者iD的道路。

你崇拜的领导者是谁

选择2~3位你欣赏的领导者，思考以下问题：

- 他们取得了什么成就？

- 他们为获得成功真正做了什么？他们是如何做到的？

- 他们表现出什么样的领导特质让其他人选择跟随他们？

- 你能从答案中得到什么，以帮助你清楚地认识自己想要成为的领导者？

我对自己所处的领导环境了解程度如何

- 企业面临哪些市场挑战？

- 主要利益相关者对我的期望是什么？

- 业务策略是什么？我的团队的预期贡献是什么？

- 我的团队中有谁？他们的优势、劣势、价值观和面临的挑战是什么？

- 我期望得到什么样的结果？

你对自己和想成为的领导者的了解程度如何

现在花几分钟考虑一下你想成为哪种领导者：

- 我希望我的追随者如何想、如何感受、如何谈论被我领导的经历？

- 我希望自己的领导力能带来什么样的影响？

- 作为领导者，我需要怎样的声誉才能使我增加在现有 / 未来团队中获得成功的机会？

- 在这种情况下，我需要表现出什么样的领导特质才能吸引追随者？

回答这些问题并不容易，对吧？发展和完善领导者 iD 同样不易。我们从经验和研究中得知，领导力是一种可见的行为模式和思维过程，任何人都可以学习。然而，并非每个人都愿意或准备做必要的工作。那么开始工作是什么样的呢？让我们共同探索。

领导者 iD 如何发展

如果你想要形成能反映个人信仰和价值的领导风格，了解自己和想成为的领导者至关重要。更清晰的"自我"认知会使你更深刻地理解自己是如何通过"露面"和行为来影响追随者。这对工作环境也有很大的影响，因为优秀的领导者不仅能够有效地驾驭工作环境，还能塑造工作环境。优秀的领导者能为工作创造良好的环境。

关键是，在我们的模型中，"自我"被视为领导的工具。了解"自我"，关照"自我"，审视"自我"质量，是成为你想成为的领导者的核心所在。

领导力的主要手段是自我，也就是你自己。领导的工具都在你心中，发展领导者 iD 需要了解自己。这并非开发新技巧，而是从认清自己身份开始。传统领导技能的发展与你作为领导者的"自我"发展交织在一起，相辅相成。从本质上讲，这可能是一个漫长的职业过程，但会随着对自我发展的关注而加速。

任何事件或活动的结果在很大程度上取决于我们以怎样的面貌出现，而我们以怎样的面貌出现在很大程度上取决于我们的身份或我们相信的"自我"。

以萨米为例，在职业生涯的很长一段时间里，会议上他总是习惯在压力之下说一些事后会后悔的话。实际上，他经常会因此讨厌自己，有时也会说服自己这么做是不愿与蠢人为伍。尽管他掌握了所有必要的技术能力，会议的结果却是一事无成。人们不敢畅所欲言，不敢分享自己的真实观点和感受。萨米对此感到很沮丧，在寻求帮助后，他开始更多地注意自己的行为及其产生的影响。在大家的支持下，他决定改变自己的"露面"方式，有意识地关注自己在倾听和学习他人方面的表现，并在团队中进行公开对话，促成新的观点。

保留自我本质，同时使领导力适应环境和追随者的特殊需求，这就是萨米转型的核心。

基本原则

卓越不是我们内心的某种神秘品质带来的结果，而是常规或习惯性过程的结果。这也许不是一个鼓舞人心的观点，但卓越需要努力、动力和关注我们所谓的基本原则。

学习和发展

学习和发展这两个词语在组织中经常交替使用，用来描述同名部门的工作。然而，越来越多的研究表明，尽管两者之间有很强的联系，但也存在重要的区别。

就完善领导者 iD 而言，学习涉及发现新工作方法的过程，通常由解决新问题的需要或测试新方法的需要所激发，例如本书中所建议的方法。这种学习通常会增加更多的知识、技巧和能力。

当我们谈论"发展"时，我们真正的意思是：

"面对日益复杂的环境，适应能力的提高是可持续的。"

我们都有终生不断发展的潜力，正如我们身体上能够产生改变一样，我们也能够改变和适应自己对所处环境的看待和回应方式。在复杂性和不确定性不断增加的情况下，高度成熟的领导者通常能够更清晰地思考。虽然研究表明，只有不到1%的人有潜力持续保持最高水平的发展，但在适当的条件下，我们所有人都有能力发展到一定程度，例如：

- 当我们遇到复杂且具有破坏性的事情时，需要打破传统的工作习惯才能获得成功。
- 接触不同的世界观的人，无论不同是出于文化原因，还是出于训练或由于来自不同的背景。
- 通过整合经验学习带来的新视角。

考虑去做相当于没做

意图和计划无论多么宏伟，都不是行动。你的领导者iD

通过思想和行动的结合，即实践而发展。也就是说，虽然大量的实践与学习和进步有直接的联系，但更重要的似乎还是该实践所包含的内容。为了提高领导能力，你需要把实践看作拓展和测试自己的机会，高频率、高强度的恰当实践会提高领导绩效。

因此，发展领导者 iD 要求你分配大量的时间去实践，但也要清楚：

- 具体来说，你应该实践什么。
- 具体来说，你应该如何实践。
- 你需要获得哪些具体技能或能力。

最优秀的领导者是学习者，他们理解集中实践的重要性，并通过实践发挥潜能，通常表现为不断实现巨变。但是你若和他们交谈，就会意识到巨变只是一种错觉。很少有突飞猛进的发展，增长通过大量细微的改进实现，随着时间的推移，这些细微改进累积起来成为巨变。领导者正在尝试做出最佳选择，选定关注重心，以求努力能获得最大回报。

选择和改变

通过阅读这本书，你可以掌控自己的发展。我们鼓励这样做，因为这至关重要。当人们有了对自己进步负责的意识，而不是指望人力资源、经理、培训师或教练时，就能以最快的速度成长为领导者。对待自己的发展，我们希望你跳出副驾驶的位置，坐上驾驶座。

强大的领导者会确保自己的才能得到最大限度的发挥，他们把充分利用自我视为自身的责任。你是会成为杰出的领导者还是普通的领导者，取决于你自己所做的选择，而非他人的选择。

醒来，成长

在领导方面，醒来意味着抛开控制他人的欲望，接受自己对现实的理解可能只是其中一种解读。高效的领导者愿意接受新鲜观点，在处理方法上也更加灵活。他们乐于学习，高度重视与他人的关系。他们思考和解决问题的能力不断提高，"看到"自己工作的更广泛影响及更深刻意义的能力也得到增强。

对很多和我们交谈过的领导者来说，醒来并开始成长的过程始于走出你认为的自我，并允许自己去探索和体验可能的自我，即你想成为的领导者。还有人认为醒来是意识到自己可以选择通过不同的途径或视角来看待他们领导的人：

- 途径一：你看到面前的人体各不相同，但只能通过身体特征来区分，如身材高大、苗条、好看、英俊、秃顶、穿着得体等。

- 途径二：你可以在其中看到人们的角色、绩效、贡献和"人力资源"。
- 途径三：当你看向他人，你看到的是一个完整的人（就像你一样）回望着你。你会注意到他们的优势、希望、梦想、情感等，并开始与他们建立真正的联系。

你可以培养随意改变识人途径的能力，当然，首先你要意识到自己最初使用哪一途径。这听起来很容易，但需要实践，尤其是在繁忙的日常工作中。

看着团队中的人，你会看到什么？是碰巧出现在工作岗位上的活人而已，还是怀着全力以赴的初衷来工作的人，就像你一样？

向内看，向外看

欧洲工商管理学院的领导力教授赫米尼亚·伊巴拉花了数年时间研究人们如何将自己定义为领导者。伊巴拉建议人们通过做领导工作实现这一点，领导工作刺激了内部和外部过程，两者相互影响。通过做领导工作，他们可以建立自己的声誉和信誉，这本身就能改变他们对自己的看法。

我们可以通过向内看，了解自己的本质、欲望、动力、思维模式和直觉来加深对自己作为领导者的理解，同时通过接触他人、新概念和新意识形态向外看，以便产生新的见解，为与追随者的合作增添意义。我们在理性的客观世界中的表现取决于我们的内心世界的能量、感觉和思想，而这些内在的东西通常由经验和处理这些经验的方式所推动。

卓越的领导者系统地寻求理解和发展有助于实现其目标的所有方面。他们获取知识，更重要的是，他们基于这些知识采取行动，以确保加深的理解得到最大限度的利用。这种"深入式"学习采用系统严格的方法，定期回顾进度，以建立经验教训。领导者会在每日结束之际，或在发生重要事件后问自己一些问题，比如：

- 我预期的结果是什么？

- 我得到的实际结果是什么？

- 我的哪些行为促成了这一结果？

- 我学到了哪些关于"怎么样"和"在哪里"方面的新知识，未来可能需要重点关注。

- 我强化了哪些已知信息？

- 我还需要了解什么？

- 下一次我想要维持或改进哪些方面？

认为最优秀的领导者总是在不停奔忙，会议、电话接连不断，电子邮件回复不完，其实是一种错觉。当然，这些领导者都十分高产，精力充沛，但他们十分重视花时间思考工作上哪些方面可行，哪些不可行，以及如何做得更好，然后为他人创造时间和空间去做同样的事情。

成为领导者并进行领导

"成为"领导者是指表现出与领导能力相关的个人品质，比如共情、决心和学习能力。"进行"领导是指通过对成功的生动描述，来呼唤他人追求卓越，同时通过教练式辅导和对优异表现的赞赏来培养他人的卓越表现。"成为"是指拥有领导者的品质，而"进行"则是领导力的实践。开发领导者iD需要你同时关注这两方面，并在此过程中提高适应不同情况和社交环境并获得结果的能力。我们的领导者iD诊断能让你全面思考这一等式的两端以及两者之间关系。

发展模式

我们的发展模式以上述基本原则做支撑，作为引导框架从此刻开始帮助你阅读这本书。但你无须为图有效发展而成为其奴隶，请你以自己的方式思考如图2-3所示模型的所有4个角，不必依次浏览。

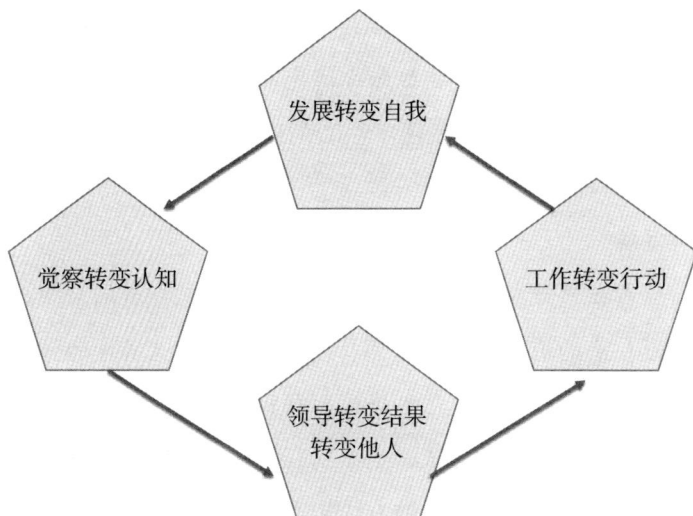

图2-3

觉察

通常，意识产生于对发生在自己身上的事情的关注，对身边他人的关注以及工作环境的关注。意识是变化的催化剂，在此基础上，你可以选择尝试一些新方法。要觉察到何时需要改变，有时源自内心认知，有时源自外部资源，例如反馈。

关注周围发生的事情，你很快就会知道需要做什么。再考虑你所处的领导环境和业务目标，优先级便会从这些需求中产生。学会退一步观察正在发生的事情，观察自己的行为，这是关键。让你产生"啊，有意思"这种感慨的反思更有益，不要简单地对面前发生的事情做出反应。

下一章完成领导者 iD 诊断后，你会更加了解自己的领导优势和劣势。由此，我们将鼓励你优先考虑并关注一些特定的思维过程和行为，踏上发展领导者 iD 的道路。

发展

只有在"觉察"后，才能开始有效发展领导者的自我。在你探索自己的价值观和使命感及其对你领导方式和理想领导表现的影响时，这项工作单独进行。发展中的领导者会觉察到自己对日常事务的处理方式，觉察到有效和无效的方式并进行试验，以发现新的、更有效的方法来实现更高水平的领导绩效和更深入的自我了解。

这项工作也注重探索与领导者 iD 相关的 5 个关键自我领域。在我们的模型和整本书中，请你特别注意以下几方面：

- 决心
- 视角
- 平衡
- 探索
- 共情

在该模型阶段，你能唤醒新的可能性。你开始意识到世界有不同的理解方式，做事也可以采用新的方式。领导者 iD 诊断

的第一部分为你开启了这一领域，也提供了必要的见解，帮你
为自我发展排好优先次序。

工作

工作是将"发展"阶段的内部工作进行外化的阶段。更深
刻的关注和反思能帮助领导者采取行动和进行回顾，从而持续
提升领导力。

在此，我们将邀请你开启领导力的外部实践，这也是我们
模型的一部分。你打算如何？

- 体现
- 提倡
- 欣赏
- 发展

如何使实践与你正在形成的领导意识相契合？领导者iD诊
断的第二部分及后面的章节将提供一系列洞见，助你起步。诊
断将确保你对领导力的假设得到分析和挑战，鼓励你形成新的
假设，并检验其能否为领导者iD带来新的可能性。

领导

加强对自身和领导力的学习不等同于领导。领导者的工作

不局限于自身，还要创造卓越的组织成就，打造人才。领导就是实践，要通过每天做些事情来学习更多关于领导的知识。

这是一场实验，要发掘不同的领导自我，发现你想成为哪种领导者，衡量你对他人及其所做工作的影响。最终，基于模型前3个阶段的积累，深思熟虑后采取实践和行动。

当更有效的新想法不断强化并成为主流，领导者iD就在大量实践和努力的基础上发展起来，新的领导方式开始比旧的更有意义。

关于洞见组织架构的注解

以下9章（第三至第十一章）呈现了领导者iD模型和你已经完成的诊断中的各个要素。每章包含5个洞见，与诊断中的一个问题直接相关，简单快速地帮你确定想要阅读和学习的章节。

第三章到第七章使用熟悉的框架，为你呈现将自我提升为领导者的策略、技巧和实用建议：

相信：你对某一特定领域的信念会对你作为领导者的应对方式产生或积极或消极的影响。

思考：信念支撑着思想，所以如果你改变了信念，也许就可以改变思想，这不足为奇。但是，你也可以采用新的思考方式来改变信念。

表达：有时在张嘴说话之前，能帮助我们先动脑思考的建议极其宝贵，因此我们会给你一些如何表达意见和想法的建议和技巧。一开始尝试可能会感到有点尴尬，要充分练习到更加自然为止。

即刻行动：我们非常相信思考和行动的合力，领导者将两者结合产生的能量远超其中任何一个。所以，我们提供了一些实用技巧，让你当下就可以做出尝试。

问问自己：在你尝试新的思维方式和新的做事方式之前、之后及期间，我们在每个洞见提出了一系列问题。如果我们亲自指导你，也很可能会问你这些问题。

第八章到第十一章使用略有不同的框架来强调领导力的实用性：

领导我的团队：这部分鼓励你与所领导的团队一起采取实际行动。你不必同时实施所有行动，只需选择你认为最适用于实现目标的建议。

领导我的组织：无论你是领导整个组织还是其中一部分，你都是整个组织的领导资源。需要之际，你有责任树立标准并发挥领导作用。这部分将引导你关注在组织这个更广阔的领导平台上的行动。

第二部分

有关身份的核心洞见

第三章

共情

> **洞见**
>
> 关系　　慷慨　　让人放松　　责任　　帮助他人

共情：引言

对自己身份有清晰认识的领导者，高度重视与他人的工作关系，尤其是那些有共同目标的人。他们待人慷慨，从不会因为太忙而拒绝帮助同事应对挑战。高效有力的领导者会意识到他人的动机和感受，他们知道如何适应不同的社交环境，也知道如何让别人放松。他们对企业的利益有个人责任感和社会责任感，对自己的成就保持谦虚，更愿意把成就归功于他人。

一、关系

我在与他人建立工作关系上投入时间和精力。或者换句话说，**关系是有效领导的核心**。

为什么关系如此重要

你要意识到建立关系对有效领导的重要性，了解关系对于信任、理解、相互尊重和支持的积极影响。反过来，这些影响对你和下属的身心健康和高绩效表现都至关重要。

有能力的领导者明白，拥有少量重要的关系有助于提高领导绩效。这些关键的关系存在于组织内外。事实上，领导者认识到我们永远无法独自取得成功，因此"支持者"对成功而言不可或缺。实现成功总需他人的参与，进而使他们成为共同胜利的一部分。

压力会使人际关系变得奇怪。面对高要求，人们通常会回到办公室伏案，决心独自解决危机，彰显独立思考，但此时你正应同他人联系。最好的领导者能意识到压力下人的封闭倾向，从而与支持网络取得联系。

我们不希望你认为发展这种关系纯粹是为了领导者的利益。不！发展关系互惠互利。腾出时间和同事见面，讨论如何互相帮助，更好地完成工作；分享认识，看大家对业务或团队目标的理解是否一致。深入且系统地开展此类对话，可以更节省大量时间和情感能量，尤其是在艰难之际。

那么，如何才能与他人建立稳固的关系呢？可以通过相信、思考、表达、行动和问自己……

相信

同我们共事过最优秀的领导人都持有两个核心信念来凸显建立深厚、互惠互利工作关系的重要性：

a）领导者的存在是为了保障每个团队成员的利益，而非相反。

b）密切且积极的关系本身就是一种追求，强大的领导者不会刻意从这种关系中寻求什么。他们在别人身上投入时间是因为知道投入得越多，得到的就越多。

思考

思维模式反映信念。成功的领导者往往会思考自己如何影响到现有的或想要建立的业务关系。他们都知道，给有段时间没联系的人打个电话是超值的时间投入。在交谈中，领导者会思考自己的表现方式，对关系、业务的影响，相应地调整方法。

表达

要确保在信任的基础上建立有意义的关系，一种方法就是领导者要在谈话中少用"我"，多用"你"和"我们"。这样的语言转换会改变谈话的焦点，也就是说，谈话焦点从领导转移到另一方身上，这会让对方产生一种被领导真心重视的感觉。提醒一句：这一转变看似简单，却很难实现。

行动

专业服务公司的"专家"大卫·梅斯特为领导者们提供了一些很棒的建议，关于如何通过关注4个要素来快速建立高度信任的关系，我们总结如下。

快速建立高度信任关系的4种行为

1.**要可信**：考虑一下你作为领导者的用词，带来的经验和技能以及人们对你的看法。例如，"每天结束前向我汇报进展情况"表明信任度较低，而"我很期待看到项目完结，在此过程中有任何问题或困难需要我的帮助，请随时提出"则表明信任度较高。

2.**要可靠**：确保你总能将计划付诸行动，你行为的"确定性"为人们提供了做好工作的基本保障。

3.**要开放**：通过倾听并在回应中表现出同理心来鼓励人们分享机密信息。

4.**要以他人为中心，而非以自我为中心**：你的员工、同事、直接下属和合作伙伴越能感受到你对帮助他们探索能力的诚意，信任就会建立得越好。

坚持做这4件事，你就会在高度信任的基础上建立起有效的关系。下面的练习将会有所帮助。

问自己

1.面临挑战时，我会向哪些同事求助？（列出名单）

2.10分为最高分，我如何评价每段关系的牢固程度？

3.针对每个人，问自己：

Ⅰ.我为什么会给他这样的分数？

Ⅱ.哪些关系需要更多经营？

Ⅲ.每段关系都需要怎样的投入？

Ⅳ.我如何与每个人建立信任和相互尊重？（提示：记住上面的4种行为）

Ⅴ.随着时间的推移，我将如何维持这段关系？

二、慷慨

我待人友善，慷慨大方，会抽出时间帮助那些面临挑战的人。或者换句话说，**你目前的工作就是帮助他人取得成功。**

我们需要可信的领导人。他们要知道自己在说什么，并拥有个人的成功记录。但要想成为一名高效的领导者，你必须超越这种期待，把对他人的共情放在首位，支持其发展和表现。

毕竟，他们的成功就是你的成功。

帮助他人取得成功需要你将自己置于为他人服务的位置，这个概念最早是由罗伯特·格林利夫在著作《仆人式领导》中提出的，引起了商界注意。

格林利夫说：

"仆人式领导主要关注人们以及其所属社区的成长和福祉。"

为此，领导者要让自己随叫随到，并为他人腾出时间。他们注重帮他人树立信心，而非削弱其信心；注重发展他人的专长，而非展示自己的专长。这需要真正慷慨的心态。为了达到其他自私的目的而假装慷慨是行不通的，人们会看穿。

听起来好像难以置信。有点不切实际，还是不相信？那让我们拿出一些学术依据。在《给予与索取》一书中，宾夕法尼亚大学沃顿商学院的管理学教授亚当·格兰特认为，决定一个人成功与否的一个特质是他/她能否充分地分享自己的时间、资源或知识。无私的声誉会为人赢得钦佩和忠诚，即使他们并不刻意追求。这使他们能够建立稳定的关系，并最终取得显著的成果。

那么，能做些什么来培养慷慨的态度呢？可以通过相信、思考、表达、行动、问自己……

相信

如果你对慷慨的重要性有任何怀疑，试着反思一下你对帮助他人持有的看法。

以格伦为例：

格伦曾经认为他必须在生活中闯出自己的一条路。他把生活看作是一场竞争，要通过自己的努力生存下来，不断发展。这可不是对他人展现慷慨大方的好心态！格伦的观念受到多方影响，例如父母、老师、讲师和体育教练。

通过质疑自己的观念，格伦逐渐意识到他人的慷慨如何帮助自己取得了成功。现在，他将大部分的工作和私人生活时间都用于帮助他人。

思考

与他人合作时，培养慷慨品质的一个好方法就是不断问自己如何能为他人增加价值。与其花时间在脑海里思考你能从一次谈话或一段关系中得到什么，不如考虑一下如何让对方的生活更轻松、更充实或更有意义。从一开始就要乐于助人。

表达

"我能帮你什么忙吗？"简简单单的一句话，一点不比寻求帮助复杂。

但其实没那么简单……

我们需要提醒你：不要过度使用这句话。特别是当你只是环顾四周并提出要帮忙的建议时，别说这句话。能遇上愿意花时间思考如何帮助他人的领导者才是一件幸事，以下练习将帮助你成为这种领导者。

行动

你可以采取以下5个步骤来变得更慷慨。

培养慷慨的5个步骤

1.写下你认识的3个最慷慨的人的名字。

2.找出每个人体现慷慨的3个方面。

3.如何能对那些希望你领导的人更慷慨，关注示例中能提供的想法。

4.列出更慷慨对你和团队的潜在好处。

5.如果你不打算慷慨地花时间去培养他人，那你要把时间用来做什么？不喜欢这个答案？那就做出改变。

问自己

1.我认识的人中，无论是工作上还是个人生活上，有哪3人目前正面临着重大的挑战？

2.具体来说，每个人面临的挑战分别是什么？

3.我如何才能使他们每种情况好转一些（或很多），参考上面练习中的笔记来帮你。你需要敏感觉察出他们是哪种人，并了解他们可能希望你提供怎样的帮助（别忘记格伦的故事，帮助他人并不容易）。

4.我首先需要对每个人采取什么措施，才能帮他们控制住所面临的挑战？

5.我将如何确保自己践行第一步？怎样的时间线比较管用？

三、让人放松

我能很好地适应不同的社交场合，让别人感到轻松自在。或者换句话说……**哇！他如何让社交看起来如此轻松？**

你是那种一走进房间就会让人敬而远之的领导者，还是会吸引人的领导者？在公司里，人们是会因为你的发言而紧张不安，还是能蓬勃发展，充分表达自己，知道这样做没有后顾之忧？

我们认识许多领导者，他们冒险将自己孤立，影响力也随之缩小。此类领导者仅能影响到那些出于各种原因愿意尊重"领导者"这一头衔的人，哪怕他们不尊重领导者这个人本身。

这些领导者以令人畏惧为傲。你猜怎么着？人们会特意避开这类领导者，只有在必要的时候才会出现在他们身边。通常情况下，这样的领导者意识不到发生了什么，无所顾虑。人们不敢告诉领导者他们带来的影响，并且觉得领导者在任何情况下都只愿收到积极的反馈。更糟糕的是，直接下属需要花时间和精力找到与这类领导者共事的最佳方式，去揣度情绪，挑选时机，回避棘手的问题，不敢提出不同的观点。

你认识这样的领导者吗？

如果你无法让公司的同事感到轻松自在，就要付出代价。人们会：

- 仅完成工作职责的基本要求就收手（这还是幸运的情况）。

- 从不让你得知全部情况，并且隐瞒失败的真相。

- 永远不会亲近、信任你，而亲近和信任正是团队绩效的基础。

- 将你的要求移交给下属，忽视你的指导和建议。

- 讨论关于你的八卦，有些可能是真的，但大多是假的。

所以，要怎么改变自己才能成为那种让人们看到你就会想"哇！他如何让社交看起来如此轻松"的领导人呢？可以通过相信、思考、表达、行动、问自己……

相信

如果你有任何以下6种自我设限的观念，则需要改变内在对话，因为这些观念不能助你成为领导者：

1. 我是个性格内向的人，这件事对我来说并不容易。

2. 我不是个"合群的人"。

3. 我不像其他人那样有"存在感"。

4. 我无法改变自己。

5. 别人都在帮忙了，我就不必了。

6. 我已经树立了强硬的名声，到目前为止效果都不错。

改变内在对话以及自我设限的观念可能不容易，但这是你成为高效领导者的必经之路，需要用不同的方式思考、表达和行动。

思考

首先要承认，如果你认为与他人相处融洽"不适合你"或者不太重要，事情就不会有所改变。如果你真的想改变，那么就从接受改变的重要性并承诺做出改变开始。改变思维最简单的方式之一就是摆脱自我限制。多为别人着想，不要过分关注自己的想法和感受。防止这种过度分析就是个很好的开始。

表达

作为领导力教练，我们经常看到在他人面前最自信的领导者，并非不愿谈论自己，而是更愿意花时间去学习、理解和欣赏对他人重要的事物。他们将谈话的重点放在周围人身上，从而抛弃以自我为中心。你也可以把注意力和谈话集中到周围人的身上，这是一种"摆脱自我限制"的非常奏效的方法。

行动

你现在可以执行以下5个简单的步骤，在他人面前变得更加自信。

简单5步，让你在他人面前变得更自信：

1.放下电话，关掉邮件，从办公桌后面走出去。和人们谈论他们手头的工作，提供帮助和支持。

2.帮助他人。有目的地来回走动是一种艺术，要多练习。一开始可能会觉得不舒服，人们可能会对此感到不安。但要养成这种习惯，并注意它对你和他人的影响。

3.在你直属团队之外找到一些人。了解他们业务领域的现状，多花时间和他们相处，深入了解细节。

4.在食堂吃午餐。一开始你的举动肯定会吓坏一些人，但如果你开放又真诚，并且坚持下去，人们最终会坐在你旁边，不会离开食堂去附近的三明治售卖店。

5.活动上要在房间里多走动，与人握手，直视对方的眼睛（但不要太久）。

问自己

1.是什么原因让我在他人面前感到不自在？

2.这到底是怎么回事？

3.我相信自己能在多大程度上改变待人方式？

4.为开启改变过程，我今天将承诺迈出哪一步？

5.反思第一步，问自己：

Ⅰ.情况有好转吗？

Ⅱ.他人和我自己作何反应？

Ⅲ.接下来我要做什么？

四、责任

我对企业的共同利益有个人责任感和社会责任感。或者换句话说，**做正确的事永远没错**。

有成就的领导者在思考和行动上都超越了自身利益。他们为团队或企业的利益而工作，有强烈的责任感。他们希望为社会的进步而努力，有着帮助他人成功的强烈愿望。他们把更广泛的商业成功置于个人利益之上。

这似乎是显而易见的事，但根据我们的经验，这远非惯常做法。我们目睹了许多会议上，领导人（特别是高层组织领导人）为争取自己的利益而努力。我们经常看到领导们不能灵活变通，捍卫自己的职能、国家、地区或业务部门的利益。

明确的目标意识有助于培养责任感，与比自己更伟大的事物产生"联结"能够激发动力。联结反映了与他人的团结意识，有助于在相互信任、支持和理解的基础上发展关系。这种联结为你发挥责任感提供了方向。

有品格的领导者明白，满足和动力不仅取决于目标，更取决于正确的目标。他们需要看到自己的工作具有意义，看到自己是在为企业的发展及其在社会中的地位作出贡献。他们对自己所在组织的主张有着强烈的共鸣，并准备好每天为工作自发努力。

我们认识许多领导者，他们是践行这种行为的典范，通过组织以外的工作，获得了对其工作意义的宝贵看法，这或许有些矛盾。许多领导者在社区协会和慈善机构董事会任职，或是管理运动队、担任地方法官或校董会主席。当然，这并不适用于所有人，却能带来机会在非工作环境中实践领导力，同时为社区作出更大贡献。领导者的工作因此更充实，从长远来看，企业也会受益。

那么，如何才能抛开个人利益思考和行动呢？可以通过相信、思考、表达、行动、问自己……

相信

信念真的很强大：你的目标是什么？你认为自己生而在世的使命是什么？对自己的目标有清晰而完整的信念如同火箭燃料一般。信念指导你如何进行工作、做什么、怎么做、不做什么，简化了为更大的福祉作出贡献的决策过程。花点时间来确定目标，见证它对自身动力和承诺的影响。结果会出乎意料！

思考

明确的责任感取决于明确的目标。一旦建立了目标，你就会根据要实现的目标来引导责任感，你可以对照此试金石来审视自己的想法和决定。虽然仍可能出错，但判断至少是基于你自己的感觉，即你认为什么对自己合适，什么对他人和整个组织合适。

表达

制定好目标后，重要的是要倾听声音。从朋友那里得到反馈，看看你构建目标的方式是否能适当地反映出他们对你的看法。这个目标"合适"吗？

- 继续塑造目标。

- 当别人问你关于目标的问题时，练习说出来。

- 此外，你可以尝试自告奋勇做更多工作：有没有什么项目是别人都不喜欢但你觉得很重要的？大声说出来，自愿领导这个项目。

行动

给领导角色带来目标感的3种方法

1. 下次要做决定之前：

- 首先考虑可能选择的更广泛的影响和后果，例如：

  ○ 挑战/问题是什么？

  ○ 你有哪些选择？

  ○ 这些选择的潜在后果分别是什么，利弊如何？

  ○ 鉴于你的目标感，以下哪种选择对你最有吸引力？

- 超越自己的需求，花时间考虑领导力的更广泛影响。

- 考虑让其他人参与决策过程。与直觉相反的是，你的目标越清晰，做决定就越快。因此，让其他人参与到决策过程中并不会减慢决策速度，反而会产生质量更好的决策。

2.扩大影响力和服务范围

● 寻找机会在社区中志愿服务。

● 工作中有些人通常没有机会得到指导，成为他的导师。
如果进展顺利，在师徒关系中的每个人都是赢家。

3.反思自己的领导风格

● 致力于为那些正式或非正式授予你领导头衔的人谋利益。

● 定期与团队成员联系，一起审视你的工作状况，找出哪
些地方可以改进。

问自己

1.我的目标是什么？为了找到目标，可以思考：

● 你最喜欢工作中的什么？

● 这对你来说意味着什么？

● 它为什么如此重要？

● 你在工作中什么时候最有成就感？

● 你工作中最愉快的时刻是什么？为什么？

● 你什么时候状态最好？到底发生了什么变化？

● 你永远不想放弃什么？

● 你在这一角色上要做什么？为什么这对你很重要？

2.作为业务领袖，我如何才能进一步帮助我的团队、同事、老板和客户？

3.我的价值观是什么？这些和我的目标有什么关系？可以通过哪些方法更好地服务于两者？

4.我明年的目标是什么？如何将其与企业目标联系起来？

5.在我的组织中成为模范企业公民会是什么样子？我如何使自己承担起这一责任？

五、帮助他人

我致力于帮助他人在工作中作出最好的贡献。或者换句话说，**不要以自我为中心**。

有品格的领导者明白，对工作和员工的关心是决定成败的关键。人们希望跟随的领导者，要关心参与工作的所有人，而不仅仅是关心需要达成的目标。衡量真正的领导力，要看领导者能让下属取得的成就。无私的领导者把自我置于一旁，以专注于任务，最重要的是关注执行任务的人。

无论是在什么领域，20世纪70年代罗伯特·格林利夫仆人式领导的观点至今仍然适用：

"最佳但难以执行的检验方式是：你所服务的人是否真正在

成长? 在这个过程中,他们是否变得更健康、聪明、自由、自主,是否越来越像仆人式领导者?"

说起来容易,做起来难。

那么,如何才能变得更加无私呢? 可以通过相信、思考、表达、行动、问自己……

相信

无私的真正挑战在于我们都有一种内在的生存机制,把自己放在首位。尽管这样是有道理的,但在组织中效果并不好。要从相信无私值得践行开始,相信有可能在不失去自我和梦想的情况下,把他人放在首位是很值得平衡的悖论。

思考

如果无私不是天性,那你就需要更有意识地思考你要做什么以及如何去做。你需要:

- 三思而后行。
- 三思而后言。
- 言行之后继续考虑。

所有这些思考将带来一定程度的意识,帮助你反思正在做的事情，并确保此事契合无私的生活方式。顺便说一下，第一次开始练习会让你感到很累，但是值得付出努力。

表达

当你对自己的生活方式有了更多了解，就会注意到说话方式的变化。你将在谈话中多用"你"和"我们"，少用"我"和"自己"（尽管并非完全不用）。从关注他人开始，提出问题，探究他们正在做什么，感觉如何，看看你如何能帮到他们。

行动

现在，你就可以通过以下一些简单的方法开始为无私的领导奠定基础。

无私领导的7个步骤

1. 别再说了，开始提问。通过提问来表现你对他人发自内心的兴趣和关心。

2. 帮他人收拾局面。不时地为团队做一些讨厌的工作。

3. 让其他人来领导某些项目。通过角色互换，领导者不仅能促进员工的发展，还能转换视角，为他人树立榜样。这对于在不同团队中有效开展工作至关重要。

4. 偶尔做出一些小小的个人牺牲，例如为了参加别人的项目放弃家庭活动或去到办公室，而不是在家办公。

5.询问他人在做什么，表现出真正的兴趣，让他们和你谈话后感觉更好、更有力量。

6.抽出时间来指导团队中的其他人。

7.听，听到无法忍受为止。回想你听到了什么。

问自己

1.我如何才能更为他人着想？

2.别人说话的时候，我如何确保自己真正在听？

3.我怎样才能在确保别人成为焦点的同时，平衡自己的存在呢？

4.谁在这方面做得很好，我可以以之为榜样？

5.从此刻开始，我如何能为那些我一直忽略了的人多做些事呢？

第四章

探索

洞见

更好的方法　　好奇心　　选择和依据　　学习　　洞见

发现：引言

优秀的领导者不断挑战自己，思考新的做事方法，而且如果有更好的方法，也不会满足于用传统的方法做事。他们对一切都很好奇，喜欢探索和发现。他们喜欢洞彻事理，不轻易下结论。他们作决策前会寻找可靠的依据，但也能够根据新的信息改变自己的想法。他们乐于学习新事物，看待世界的方式也能为别人所理解。人们经常向他们寻求建议。

六、更好的方法

如果有更好的方法，我不会满足于用传统的方法做事。或者换句话说，**不要说："我们一直都是这么做的。"**

不断地寻找更新更好的做事方法，直到你的存在让一些人恼火。没错，周围的人希望你稳扎稳打，重复去年的预算或是组织合作伙伴会议的方法，但真正有品格的领导者夜不能寐，认为"一定有更好的方法"。

务必要回顾上次发生的事情：

上次有效的方法是什么，你又如何在此基础上更进一步呢？

哪些地方可以做得更好，如何做得更好？

并且要认识到，上次的经验仅供参考学习。

领导者是开拓者，他们愿意涉足未知领域，乐于接受来自任何人和任何地方的想法。他们发现好主意，并愿意挑战现有系统以采用新产品、流程、服务和系统。他们考虑的是"假如"和"下一步"，不会陷入一种固定的思维模式。他们确实不断探寻，以寻求更新更好的机会。

这类创造型领导者非常清楚创新和挑战涉及实验、风险甚至失败，但依然会支持创新。实验并非总是按计划进行，人们在尝试新事物时经常犯错误。创造型领导者从错误中吸取教训，并鼓励其他人也这样做，不会试图推卸责任。他们明白学习是打开机会之门的钥匙，尤其是在遇到障碍时。卓越的领导者向一切发出挑战，尤其是传统思想、最佳实践和现行惯例，它们会使企业陷入不再适用的思维方式。业务上的任何事都可以改进，一切都可以重新设想。

那么，如何培养精进不休的心态呢？可以通过相信、思考、表达、行动、问自己……

相信

俗话说"别没事找事"，但不要落入轻信的陷阱。如果不能不断挑战新的做事方式，那你轻则停滞不前，重则失去竞争力。

务必使思维围绕以下两个核心信念：

● 增长来自创新。

● 不要避免"失败"，而要拥抱失败。

思考

如果你决定适应这两个信念，新的思维模式就会出现。要鼓励新思想，可以在考虑决定的时候，思考以下问题：

● 我们是否太过保守？

● 我们是否已经充分降低了风险？

● 我们是否与团队成员探讨过他们对创新文化，尤其是"失败"文化的看法？

● 我是否鼓励团队带着（创意）解决方案而非问题来找我？

记住，你和团队要不断探索如何改进工作方式，以提高效率、速度和/或质量。

表达

调整说话方式会鼓励不断地进步。使用动词（也就是表示行动的词）可以给你的交流增加能量和行动导向。检查自己的写作和说话方式，看是否经常使用动词。

思考自己会如何应对"失败"。咆哮和指责几乎毫无用处，承认意外总会发生，同时也寻求方法促进人们学习。以真心好奇的语气提问是鼓励反思、学习和确保不会再犯相同错误的最佳方法。

行动

以下有5个行之有效的措施，可以为你及团队打造持续改进的文化。

为你及团队打造持续改进文化的5个步骤

1.作为自己和团队的领导者，每周安排时间来回顾自己的表现。周五下午就很合适。

2.在每个项目中选择一名团队成员充当"质量保证"。如果有更好的做法，这个人就要勇于提出。

3.每天召开碰头会，了解员工的表现如何，并从整个团队中获取有用的信息。每次会议最长15分钟。

4.打破筒仓模式，适当采用矩阵模式。换句话说，搞混合模式。鼓励与新人员及新业务领域之间的合作。

5.每月请一个人担任团队的内部研究员。他们要研究的5个相关主题将有助于形成新的工作方式。

问自己

1.这种商业模式能让我在前进的过程中获得竞争优势吗？会因为新而受益吗？

2.（给）我团队提供的管理信息有多相关或多及时？

3.我们的组织结构是否支持业务目标？

4.我是否打造了合适的业务文化来支持服务策略？

5.我的人才培养和发展方法在多大程度上适合目标？

6.我能否通过简化系统和流程来使其更有效？

七、好奇心

我对一切都很好奇，总是提出问题，热衷于发现新信息。或者换句话说，**我们不知道自己不知道什么。**

好奇的领导者对新人、新事物和新体验有着无穷的兴趣。

他们思想持续活跃，新点子一个接一个，于是进一步探索的渴望也更强。他们对追求个人成长兴趣盎然，期望发掘能够推动团队和业务向前发展的新见解和新想法。没有对探索的渴望，就不可能有创新、意识、问题解决、价值创造或敏捷性。

我们还是小孩子的时候，都很善于探索，把整个世界看作是冒险乐园。但随着时间推移，我们中的许多人失去了这种天性，仿佛探索和提问会暴露出我们的"无知"或低下。通常，对于在场的每个人都知道答案的"愚蠢"问题，提问需要勇气。跳出思维定式，信心十足地去探寻他人没有准备涉足的地方。放下自我，尝试去探索，这样一种"天真"的形象也会对他人产生非常积极的影响。

托德·卡什丹是一位研究员，著有《好奇心》一书。他建议要经常听取真正聪明人的意见，即使他们是错的，我们也能学到一些东西。

托德建议，在你的社交圈中，要至少有：

- 一位比你年长的人，他是你未来想成为的模样。
- 一位同龄人，拥有你不具备的优势和成就。
- 一位比你年轻的人，比当年的你更优秀。

好奇心的特征是求新、求知、开放接纳新思想和新经验。利兹·怀斯曼在著作《乘数效应》中指出，当今最高效的领导者会通过调动集体智慧，放大团队的能力和才智。她提出当今领导者的主要角色不再是确认和指挥，而是询问和倾听。

如何培养好奇心呢？可以通过相信、思考、表达、行动、问自己……

相信

探索性思维方式是可以培养的，但需要你自愿颠覆自己。因此，首先要确立一个原则，那就是要相信探索对你而言全新的观点、信息和方法确实有价值。愿意承认以前所持有的信念可能不再有用，同时珍视新奇的发现，也是探索的关键。你需要弃旧图新。

思考

你可以轻松吸收新鲜的思想吗？具备欣赏新事物的能力，抛弃过时或无关的观点，这是进阶思维和成熟领导者的标志。有时，你要能持有看似相反的观点，例如："我不同意公司新的变革计划，但既然现已表决通过，我会公开表示支持。"成功的领导者能够平衡这种矛盾的思维。

表达

如果你用询问式的说话方式，提出问题，便更有利于和团队成员共同厘清状况，发觉他们的动机和想法。询问时非常有用的陈述句或疑问句有：

- 能告诉我更多关于……的信息吗？
- 你能帮我多了解有关……的信息吗？
- 原因是什么？
- 把我当成新手那样解释一下可以吗？
- 这对我们意味着什么？

行动

以下有5种方法可以培养你对学习和探索新方法的热爱，从而进一步培养你的探索精神。

培养探索精神的5种方法：

1.从你不了解的领域中选择一本杂志或一个博客，订阅6个月。6个月后，换成新领域的新资源。

2.注册一些和你工作领域直接或间接相关的播客。

3.每周给团队写一份简报或电子邮件，探讨你的学习成果，并请团队为你提供建议，或者在你学习成果的基础上提出更多见解。

4.用日记来挖掘你的思维、既定模式和工作方式，并用心回顾它们如何形成，是否仍然有效，以及你可以如何调整自己的思维。

5.寻找一位愿意建设性地挑战你当前的领导方式的成功领导者，认他做导师。

问自己

以下是一些可以帮助你保持好奇心的首选问题：

1.我们一开始为什么要这样做？

2.什么是未知的？

3.我如何能将这些知识应用到工作中？

4.我/我们在做哪些假设？

5.我陷入了哪些既定模式？

6.如果我能以我敬佩的老板、导师、领导的方式来看待这种情况/挑战，我现在会考虑什么？

7.我真的愿意接受这些新想法吗？

八、选择和依据

做决定之前我会考虑各种可能的选择和依据。或者换句话说，**如何做出"令人叹为观止的决定"**。

我们都知道领导者的思维受到过去的经验和现有观念体系的限制，总是围绕一个要点展开解决问题或决策对话，进而将解决方案引向他们心中早有的解决方案。在这些领导者看来，他们的结论是唯一充分合理的结论。

表现出色的领导者持有不同的观点。他们：

1.认为有准备地搁置自己的观念，适当地考虑新鲜的见解和想法对于企业成功至关重要。

2.在做决定前了解所有的依据。

3.新的依据出现时，准备好修正观点。

4.重视直觉，尤其是在紧急情况下，但也能认识到直觉的局限性。

5.能够迅速做出明智的决定。

我们经常遇到思维狭隘的新领导。他们常常过分依赖自己的专业知识进行判断，而不考虑真凭实据或他人意见。之前，这些领导者因提供专业意见被视为个人贡献突出者。面对新团队，他们可以依靠专业知识赢得信誉，增强对领导这一新角色的自信。当然，团队成员也不再贡献想法和观点，因为说出来也无人理睬。

有时，直觉或第六感能敏锐捕捉决策细节，发现操作中欠缺的关键信息。因此支持直觉决策的人认为，在同一情境中，直觉能揭示出推理能力之外的某些要素。然而，世界变得愈加复杂，仅凭经验或直觉做出的决定就会受到影响。如今，许多领导者在工作中所面临的决策更为新奇，这意味着在没有深入研究的情况下，依赖先前的经验会限制你找到最佳解决途径的能力。

你仍然可以依靠直觉来做错误代价低的简单战术决策，因为可以提高速度，节省时间和资源以专注于更具战略性的问题。然而，高风险情况下，花时间去创造时间更有益，否则你将面临可能的后果。研究告诉我们，如果决策时遵循严格的程序，实现预期结果的可能性就会增加。

那么，怎样才能提升决策能力呢？可以通过相信、思考、表达、行动、问自己……

相信

领导者在决策过程中所持有的限制性信念包括：

- 我知道所有的答案。
- 我应该知道所有的答案。
- 我的信誉取决于我无所不知。

优秀的领导对自己清楚知道的事情有信心，同时愿意接受他们不能（或不应该）知晓一切的事实。先确定需要做出哪些决策以及需要哪些信息来进行决策，能使流程得到遵循，从而做出慎重的决定，实现风险管理。

思考

愿意在需要做出重大决定时去探索自己不知道的内容，对领导者来说是个很好的起点。作为领导者，乐于接受新思维能提高学习的灵活性，这在当前的环境中至关重要。在不影响速度的情况下，也要寻求他人的建议和想法。最终，有些决定将不得不由你亲自做出。尽可能多花点时间考虑可用数据中的所有选项，然后再做决定。

表达

同样，问题将是你的决策伙伴，深入提问有助于确保你了解所有可用的信息。这意味着要挖掘你收到的初始反应之外的内容，才能测试你拿到的数据是否有力。

行动

面临关键的领导决策时，可以采取以下7个步骤。

面对关键的领导决策时应采取的7个步骤：

下次你遇到关键的领导决策时，尝试以下方法：

1.确定一系列可能的行动方案。

2.充分研究每种可能的方法。

3.确定每种选择可能带来的正面和负面影响。

4.寻找与每种选择相关的任何新的缺失信息或专家意见。

5.准确地吸收新信息，即使它不支持你最初的倾向。

6.重新审视未来所有可能产生的正面和负面影响。

7.制订详细计划以实施首选方案。

面对关键的领导决策时，这里有4个行动指南。

做关键的领导决策时要避免的4个陷阱

1.不要为了追求速度或显得聪明过分相信第一选择。

2.不要为了避免进一步的混乱或改变而支持维持现状的方法。

3.不要为了避免尴尬支持早期的选择，哪怕事实证明早期选择有缺陷。

4.不要仅收集支持自己首选方案的依据，而不顾他人的想法。

问自己

1.我如何影响最终选择？

2.我还能做些什么来确保决策尽量正确？

3.我如何努力地保证整个决策过程？

4.如果我的直线经理此刻回顾我们的决策过程，他们会怎么评价？

5.阻止我做出决定的是什么？

6.我们如何才能进一步管理风险，同时又不耽误做决定的时间？

7.我什么时候知道我们有足够的数据可以做决定？

关于情绪：经历高压、焦虑状态时做关键的决定会影响判断力。面对冲突的行动方案之间的选择，你可能会感到不确定，摇摆和犹豫，甚至可能会有一种想要摆脱这种困境的强烈愿望，想通过避免做决定或匆忙做决定使这些感觉消失。另外，如果你对一个可能的选择感觉很矛盾，你可能没有动力去充分考虑这个决定。这两种精神状态都要求你对自己诚实，识别那些无用的感觉，后退一步，收集新信息，让他人参与进来，重新评估利弊，吃好睡好，然后以全新的眼光重新看待问题。

九、学习

我鼓励他人像我一样热爱学习。或者换句话说，**通过致力于自我超越来保持相关性。**

大卫·开始与前老板共事时，他惊讶地发现这位老板习惯于分享在网上发现的琐碎见解，给大家传阅他最近读到的有趣书籍。大卫被老板求知若渴的精神所感染，欣然接受了所有信息。起初，大卫为老板的慷慨大度和渴望分享所折服。不过对老板而言，把自己发现的有用的东西传递给他认为需要的人，能为自己带来愉悦。这背后是对学习的热爱，大卫的老板希望鼓励大卫学习，并且直觉知道大卫会重视学习。

其实大卫养成了学习的习惯，后来人们希望他成为领导者。无论是分享书籍、文章、参加研讨会的入场券，还是介绍可能对某一问题有深刻见解的人，没有谁对这一方法有负面反馈。事实是大多数人发现学习和追求进步十分有激励作用。

能力和知识水平提高带来的感觉会促进工作中的成长和信心。同样，新的挑战也提供了学习和成长的机会，而高效的领导者总在寻找机会让员工发展，鼓励他们追求能给表现带来影响的微小改进。伟大的领导者理解挑战和学习之间的这种双向关系，并且创造机会去利用。这是成功孕育成功的经典案例。

对我们来说，彼得·圣吉关于"自我超越"的想法十分准确："拥有高度自我超越意识的人生活在不断学习的状态中，从不'到达'学习的终点。"有时候，像"自我超越"这样的术语会给人一种能够拥有的错觉。但自我超越不是可以拥有的物品，而是一个过程，一种终身的训练。

怎样才能实现自我超越呢？可以通过相信、思考、表达、行动、问自己……

相信

虽然许多领导者告诉我们说自己一直热爱学习，但有些人是在晚些时候才燃起这股热情的。我们与许多领导者合作，他们在中学或大学的经历不尽如人意，但后来慢慢成熟，坚定地相信学习是有价值的、充实的，是对生命的肯定。他们也认识到，学习是一种行之有效的方法，可以确保与组织保持同频，继续增加价值。无论你到目前为止的学习经历如何，要相信学习是值得的，要相信什么时候开始或重新开始学习之旅都不晚。

思考

认识到终身学习对自己职业生涯的重要性，因而形成终身学习的方法。以下是你需要对学习思路反思的方面：

● 回顾一下是什么影响了你目前对学习的想法。

● 考虑你如何为团队和同事树立学习榜样。

● 思考你可以改变哪些思维方式来成为更专注的学习者。

表达

谈论自己过去和现在的学习经验有助于团队及同事更开诚布公地分享他们的经验。这种开放性为讨论如何扩大组织内的学习机会提供了必要的空间和信任。询问团队的最佳学习方式，

探索在组织中实现学习的方法，包括不那么正式的方法，例如在工作中或行动学习小组学习。

行动

要发展学习和超越的文化，以下有一些易于实践的方法。

发展学习和超越文化的5种行之有效的方法

1.培养你的教练技能，即帮助成年人学习的核心领导技能。详见第四十三条洞见：教练。

2.鼓励团队成员提供定期反馈，讨论他们擅长的方面，如何在此基础上更进一步，哪些方面可以做得更好，以及如何做得更好。

3.建立反向指导制度，团队中资历较浅的人拥有相关或有用的见解，可以指导一位渴望学习的高资历人士，例如，由一位资历较浅的女性指导一位资历较高的男性领导，重点关注性别。

4.为你和团队寻找机会进行内部借调或加入项目团队，确保返回时与团队分享获得的知识。

5.建立学习日志，比如建立一个 Whats App 或 Slack 组群来记录你每周的学习内容。这很快就会变得有激励性和内在价值。

问自己

1.我可以从这次经历中学到什么?

2.我在一周中什么时候专门腾出时间来学习?

3.我的团队中哪些成员将从这些信息中获益最多?

4.谁可以成为我的领导力导师?

5.我可以在哪些主题上有效地指导团队成员?

6.我不愿学习哪些主题? 如此封闭的原因是什么? 我愿意为此做些什么?

十、洞见

我对事物提供有价值的见解,看待世界的方式也能为他人所理解。或者换句话说,**视角决定一切**。

了解自己看待世界的方式对出色的领导至关重要。实际上,我们认为了解自己在一些基本领域的观点对于自己的人格发展至关重要,更不用说对成为领导者的作用了。

世界观

你如何看待生活中一些关键领域会影响到改变方式,影响到他人和你自己的发展。更有甚者,你的观点甚至会影响你看待知识、真理和人性等基本事物的方式。

下面列出了影响世界观形成的一些方面，这些方面与领导者的考虑密切相关，以对立组的形式呈现：

自由意志	vs	决定论
个人命运由个人决定		个人命运由宏伟计划决定
遗传	vs	环境
才能是天生的而非开发出来的		才能是开发出来的并非天生的
唯一性	vs	普遍性
所有人都是独一无二的		人有可以识别或标记的特征
均衡	vs	增长
人类拒绝改变		人类拥抱改变
积极	vs	消极
人类积极向上		人类消极悲观
相互依赖	vs	自我独立
人类依赖他人		人类自力更生

表4-1

表4-1改编自弗洛伊德和荣格关于"世界观"的著作。

把表4-1中的每个术语想象成一个滑动区间的两端，就可以开始了解到自己的世界观是如何形成的。

示例

如果你觉得人类能够完全控制未来和前进方向，那么你的世界观受到"自由意志"的影响。但如果你觉得存在某种"宏伟计划"，命运被预先决定，那么你的世界观受到"决定论"的影响。

你会明白为何选择采取不同的立场会影响你对以下关键领域的思考：

- 规划
- 目标设定
- 长远思考
- 预测

了解自己如何看待这个世界可以带来一些自我意识，让你寻找新的视角。也许更重要的是，它让你明白自己可能会因为某些盲点而陷入"视角"陷阱。一旦你知道了这一点，就可以寻求互补和对立的观点来平衡自己的想法。

如何确保自己看待世界的方式平衡且为他人所理解？可以通过相信、思考、表达、行动、问自己……

相信

要相信世界观没有"对错"之分。这种信念使人们能够包容他人，拥抱差异，避免偏执。杰出的领导者能够在深刻理解他人世界观的同时，坚持自己的世界观。对自身适应力的信心让领导者在平衡自身完整性和接受新的、有时具有挑战性的观点之间构建自己的身份。

思考

世界观是由你生命中一些重要的人以及你迄今为止所拥有的经验形成的，也是你愿意反思和思考自己为何这样看待世界的产物。想想是谁影响了你的世界观，以及你希望影响谁的世界观。

表达

高效领导者具备愿意真诚地探索不同观点的特质。我们同一些最有影响力的领导者共事过，他们都擅长理解他人，鼓励他人分享和挑战。他们会使用这样的表达：

- "有意思，你为什么这么说呢？"
- "这是我的观点，但我很想听听其他人的看法。"
- "我们还能怎么看待这件事？"
- "我们没有考虑到什么？"
- "我们是否考虑过所有可能的角度？"

行动

培养平衡视角的8种方法

1.考虑决策或计划时，要更常考虑每个人的观点。一定要问："我们是否考虑过客户、员工、经理和所有其他利益相关者的观点？"

2.回顾自己的世界观：使用表4-1。

3.分析你的哪些观点对你很有用。

4.分析哪些观点可能会阻碍你或他人的发展。

5.明确你可以做些什么来适应。

6.问问你的同事，作为领导者，你的观点为哪些方面增加了价值，又在哪些方面阻碍了你或整个团队的发展。计划如何改进。

7.找一个和你观点截然不同的人，你应该知道找谁……你们可能不经常面对面交流，偶尔问问能不能请他们喝咖啡。聊天，敞开心扉，学习。

8.立即开始广泛鼓励你的团队或同事参与关键决策和讨论。

问自己

1.我长期以来信奉的神话有哪些已经不再适用于我现在看待世界的方式了？

2. 谁是我最亲密的朋友？我注意到了什么？

3. 如果我可以改变自己对他人的看法，会改变什么？

4. 我觉得和哪些人相处或建立融洽关系比较困难？原因是什么？

5. 我认为自己在多大程度上有能力改变一些我目前认为"正确"的基本信念？

第五章

视角

洞见

感激　希望　轻松的一面　美感　更高的目标

视角：引言

强大的领导者赞赏发生的好事，但从不将其视为理所当然，总是花时间来表达感谢。他们对未来充满信心，相信自己的表现是可控的。他们能看到挑战中轻松的一面，欣赏所有工作领域的卓越和富有技巧的表现。他们坚信自己的工作具有更高的目标和意义。

十一、感激

我是一个懂得感激的人，会花时间对出色的工作表示感谢。或者换句话说，**要培养感恩的态度**。

自史前以来，人们投入大量时间对生活中发生的事情表示感谢。无论是出于宗教原因还是世俗原因，祈祷、哲学等活动已经证明了人们对于培养感恩心态重要性的认识几乎与生俱来。最近，研究人员也对感激的重要性表现出了兴趣。证据表明发自内心的感激作为一种普遍的生活方式，即一种特质，能够改善健康状况。真诚的感激会带来积极影响。

这里一个关键理念是感激须真诚。如果你读完这一洞见，在生活中各个方面都采取深切感激的态度，但这种态度只持续48小时，我们不相信会带来什么改变。开始从你一直认为理所当然的事情和情况中看到积极的一面，且要长期坚持下去，谁知道会带来什么好处呢？此外，假装感激对他人来说很明显，他们会将你新采取的态度看作是一种操纵方式。真诚地表示感激，认可他人的工作是一种极大的激励。

你知道什么是无条件的爱吗？称职的父母会给予孩子无条件的爱。重点在于不拿爱换取优异成绩之类的东西，无论孩子做了什么，无条件的爱不可动摇。同样地，无条件的感恩可以让你和他人获得最大收益。因此，要避免通过以下方式来表达感激之情：

1.只有当有人为你兑现承诺的时候。

2.只有当你想从别人那里得到什么的时候。

3.只有当你记得这样做的时候。

4.只对于团队中的某些人而非其他人。

5.让别人觉得亏欠你。

如何培养出真正的感激之情呢？可以通过相信、思考、表达、行动、问自己……

相信

能让你心怀感激态度的两个核心信念是：

- 对他人的认可和感激不存在限度，只要你想要或别人需要，你可以尽情表达感激。

- 感激他人不会削弱自身。许多领导者一开始就认为感激会让人变弱，但不是这样的。表达感激的核心不在于你，而在于接受者。

思考

当你在考虑是否要感谢某人时，留意自己的想法。你脑海里有没有一个声音在小声说：

- "下次他们交付工作时，我再说谢谢。"

- "他们拿钱做事，我不会因为他们完成了分内的事就表示感谢。"

- "我需要让他们保持动力。感谢他们会让他们不思进取。"

如果这些想法听起来很熟悉，你最好从根本上提出质疑，转变想法，开始认为感恩对接受者和自身都有益。

表达

你越了解团队成员，就越能以最适合他们的方式表达感激之情。例如，有些人喜欢在诸如团队会议的公开场合上受到感谢，而另一些人则喜欢私下听到几句表示感谢的话。对于一项极其出色的工作，写封书面信感谢会比电子邮件有力得多。

行动

培养真诚感激之情的4种方法

1.回顾一下生活中所有你可以或应该感激的方面。从小事着手（即便是只有你知道自己正在做的事情），然后想办法表达感谢。

2.与团队及同事一起评估你的表现，也许能从他人那里得到一些反馈。哪些时候你本可以对他们的支持表示更多真诚的感激？哪些情况下你可以承认错误，下次改正？

3.审视自己：什么时候会有条件地感激他人？有时你确实如此，我们都是这样。想想为什么你会有条件地感激？倾向于向谁表达有条件的感谢？然后想办法无条件地对他人表示感激。

4.感激有很多种形式。你可能会为享受美好的生活、家庭等而心存感激，但不太可能每天如此。也许我们都应该这样：每日或每周写感恩日志是一个十分见效的方式，可以写在纸上或者合适的应用程序上。只需把你想要感激的事情记录下来，然后在每个周末回顾一下。

问自己

1.什么影响了我目前对感激的看法？是时候更新想法了吗？

2.我对于向他人表达感激有什么顾虑？

3.我对感激的设想有哪些可能是无益的？

4.有机会感谢他人时，我会有什么感觉？

5.工作以外的人会怎么评价我的感恩精神呢？和我工作时相比怎么样？

十二、希望

我充满希望，也鼓励他人看到积极的未来。或者换句话说，**领导者必须具备积极前瞻性。**

领导力研究大师吉姆·库兹和巴里·波斯纳告诉我们，领导者只有想象出更光明的未来，才能留下持久的影响，而且"想象出令人兴奋的未来可能性的能力是领导者的决定性能力"。

人们希望追随对未来持乐观态度的领导者，他们能够驱散"迷雾"，不被过去压抑。

如果领导者在变革中表现出真正的自信，将有助于让他人产生积极情绪，萌生希望。我们可以通过积极的方式，选择将注意力从问题的根源上转移到对力量、愿景、解决方案和可能性的集中关注上。

我们满怀希望时，才能够考虑清楚通向成功的可能路径，并保持实现这些结果所需的精力和动力。正是这种清晰的"积极前瞻性"在变革时期将有品格的领导者同他人区分开来。

乐观和希望相似但不同。乐观与希望的衡量标准密切相关，但两者之间没有必然的因果关系。乐观主义者可能拥有改变的强烈意愿，但或许缺乏足够清晰的思考和分析能力，无法确定最佳的前进路径。在希望量表上得分高的领导者会制定明确的目标，并不断思考实现这些目标的可能方法。他们展现出批判性思考实现目标方式的能力，不依赖事情总会得到解决的乐观信念。

在艰难时期，领导者必须坚信自己终将成功，而且必须准备好面对眼前最严峻的事实。

那么，怎样在任何情况下都保持希望呢？可以通过相信、思考、表达、行动、问自己……

相信

乐观主义很好，但基于希望的信念更能支撑以行动为导向的方法。在现实中一贯坚持脚踏实地的信念很有帮助，因为满怀希望和积极向上与天真盲目地认为一切都很美好不是一回事。满怀希望的领导者都是现实主义者，所以要反省自己持有的信念，以确保反映的是现实情况，而非理想中的情况。

思考

把你的思维建立在尽可能客观的观点上，希望不是对现实情况视而不见。因此，确保先促使自己全面了解当前的现实，再保持积极心态寻找解决问题的方案。挖掘自己及团队成员的创造性思维。

表达

- 多用"我对……充满希望"这样的表达，这是对结果保持乐观又实际的重要方法。
- 检查自己是否使用过于消极或过于积极或不切实际的词句。
- 在避免成为团队"思想警察"的同时，你也可以温和地对其他人使用的语言提出质疑。
- 需要警惕以下字眼："无望""无意义""不可逾越""心灰意冷""浪费时间""不可能""顽固""无法让他们改

变""这不可能实现"。

行动

让你在任何情况下都保持希望的3种方法

1.审视目前对你最重要的3件事：

a.确定你对这些事的态度。

b.要对哪些方面抱有更大希望，调整方法适应。

2.下次团队会议之前，考虑自己想要如何沟通来传递更大的希望：

a.选择两三条你想要传达的关键信息。

b.在每条信息上花10—15分钟考虑如何增加希望值。

c.保证你有时间在会上研究解决方案。

3.改变发布会议议程的方式。

a.至少提前一周发布下一议程。

b.将议程设置为一系列问题而非项目。

c.包含每个问题的预期结果。

d.提前告知团队成员，希望他们能在会上为寻找问题解决方案作出贡献。

e.会议期间，早点让每个人分享看法，这样人人都能发声。没有人能隐身，也没有人能支配整场会议。

问自己

1.我表现出不同的希望值时，会注意到什么？我感觉如何？其他人作何反应？每种方式产生了什么结果？

2.我什么时候最积极？

3.我该如何鼓励他人更加充满希望？

4.我如何才能更充分地利用整个团队的思维、洞察力和动机来推动以解决问题为重点？

5.在我的团队中，谁表现出消极的态度或心态，最需要一些积极的挑战？我将如何积极地挑战这种行为？

十三、轻松的一面

我喜欢笑，也喜欢鼓励他人在适当的时候看到轻松的一面。或者换句话说，**放松一点**！

放松点，我们是说真的。

我们都知道你忙得不可开交，手上有伟大且重要的工作。但一个缺少乐趣的类似修道院的团队环境只适合僧侣。不过请注意，很多僧侣似乎也喜欢大笑……

事实证明，在工作中给自己留一些和团队插科打诨的空间，可以为你领导的团队带来巨大的变化，包括：

1.你作为领导者的积极情绪和下属的积极情绪。

2. 增进信任。

3. 对团队发展方向有更深刻的认同。

4. 增加对组织的情感（心理）投入。

5. 提高工作满意度。

（Hughes and Avey，2009）

适当幽默也会对整个团队的创造力和创新能力产生积极的影响，这一点可能你也不陌生。如果老板不时扮傻逗乐，也就是处于通常所说的"自由型儿童"状态，那么人们往往会放松一点，而这正是有利于发挥创造力和创新能力的最佳状态。

和美一样，幽默也因人而异，也就是说高度主观。正是这种主观性让领导者对幽默感到紧张。其实不当的幽默、攻击性幽默或通过幽默不加掩饰的欺凌会产生各种消极影响。领导者心中有这些顾虑，自然不想冒犯他人。因此与其冒险表现幽默，不如在工作中创造一个单调乏味的环境。可惜这似乎过于保守。

虽然我们绝对不建议你去扮演团队小丑的角色，或者在每天早上来一段脱口秀，但值得注意的是，变革型的领导者会积极拥抱或寻找机会去看到生活中有趣、轻松的一面。他们不会过分用力，不会越界导致冒犯。他们只是有种轻松幽默的能量，能够看到事物（包括自身）有趣的一面。

如何才能在领导风格中适当地插科打诨呢？可以通过相信、思考、表达、行动和问自己……

相信

这些关于幽默的实用理念集中在你对工作的看法和你的领导角色上。以下是3个可以采纳的实用理念：

- 做领导者并不是要控制他人。

- 许多人通过上班度过每周大部分的工作时间，因此上班是他们（也是你）体验生活的核心部分。你能够塑造这种体验。

- 插科打诨是出色表现的助推力，而非阻碍因素。

思考

从了解你对快乐、欢笑和喜悦的心态入手帮助很大，探索你在工作场所中如何看待这些方面会帮你了解产生这种看法的原因。我们发现能够平衡好工作极度认真和处事轻松自然的领导者往往会成功。要达成这样的融合，首先要了解这种平衡，在领导自己和他人时有意识地运用。

表达

能够插科打诨的情况都很具体，很难建议说使用怎样的表达，但你能做的就是多笑笑。要有着实有趣或可笑的状况把你逗乐，那就放轻松些，让别人看到你此刻的快乐。有了这些共度的欢乐时间，当下和以后的精力都会显著增加。

行动

有情况表明，这个世界过于严肃，我们似乎已经失去了笑的能力。你可以通过以下3种方法重新开始积极向上的生活。

在工作中放松情绪的3种方法

1.下个周末在家找个时间播放你最喜欢的喜剧电影，尽情享受，放松自己。沉浸在其中，如果你觉得感动得想笑，就笑吧。这个活动至少每月一次。

2.在工作中寻找能让你感到轻松一面的机会，当然程度要适当。

3.在工作中犯错时，与其试图掩盖或抹掉错误，不如偶尔从其中找乐趣，拿自己开涮。是的，这样做需要勇气，但也能展现自信，容许他人分享自己"辉煌的失败"。

问自己

1.什么能唤起我的幽默感？

2.时机适宜时，可以利用哪些安全的方面在工作中展示幽默？

3.我应该避免利用哪些方面表达幽默，例如他人的个人特征、私人情况、宗教、悲剧？

4.我如何描述对工作中轻松一面的看法？

5.在营造"积极轻松"的氛围方面，我的团队文化是什么？

十四、美感

我欣赏所有工作领域中熟练表现带来的美感。或者换句话说，**卓越令人着迷**。

那些在团队中表现出色的领导会陶醉于他人的成就、技巧和才能，并充分表现出钦佩和赞赏。通常情况下，看到优异的表现，擅长这一领域的领导者可能会张口结舌或无话可说，这就是卓越给他们带来的情感冲击。

这种反应与"这就是他们的工作"或"拿钱做事，天经地义"的观点大相径庭。其实领导者更有可能被他人的成就和才华所打动，而非简单地将员工视为工作合同的一部分。他们对员工的工作成果和相应的工作过程表现出真正的兴趣。

"领导者积极地在他们的员工和工作中寻找卓越的例子。"

伟大的领导者可能会在设计、写作或市场营销中看到传统意义上的美，但常会惊诧于突破性的系统和流程、创造性的解决方案、新的核算程序或报告格式。一些领导者甚至会对创建新电子表格由衷感到兴奋。是真的，我们没在开玩笑。

同样，领导者可能会对那些按照共同的价值观或原则工作的人表示赞赏，认可并重视他人的善行和美德。在领导者眼中，那些真正践行共同价值观的人比那些只是把共同价值观印成海报贴在办公室墙上的人更值得钦佩和感激。

对杰出的贡献或表现如此钦佩的根源是什么？对我们而言，这并非要表示赞赏，伟大的领导者只是被卓越深深打动，因为他们认识到要达到和维持这种标准需要付出巨大努力。精彩的演讲？出色的项目管理？绝佳的产品开发？形式都不重要，领导者只是喜欢出色的表现，不管其背景如何。

那么，如何在领导角色中体验并表现出对卓越的更多钦佩呢？可以通过相信、思考、表达、行动、问自己……

相信

你是否相信发挥每个人的最大潜能是领导者的核心任务？是吗？那就照着做吧。你是否相信当团队中所有人的力量、价值观和动机保持一致时，他们就能取得出色的成就？没错，要尽一切努力领导他人取得非凡成就。

思考

避免陷入欠缺思维（关注错误与不足），而你应该关注好的方面、优势，以及你希望多看到的方面。欠缺思维会耗尽每个人的精力，无法增强信心或提高绩效。优势思维能激发员工的活力，增强信心和表现。我们不是说你要忽视不佳的表现或向普通人表示祝贺，而是说让你多关注想要看到的方面而非相反，多关注正向强化带来的动力。所以，当有人完成一件极其出色的工作时，你内心很清楚，因为你会被打动。一定要称赞他们，弄清这件工作出色在哪里，他人可以从中学到什么。也要思考一下表达欣赏的最佳方式，虽然很多人喜欢在公共场合受到赞扬，但也有人不喜欢。

表达

正如"追随者"所言，当领导者对他人刚完成的工作表现出纯粹的兴趣时，能开启最佳的领导力对话。所以下次有机会，花点时间和杰出的执行者交谈。发挥好奇心去了解促使他们表现出色的原因，这样做会给你带来启发，让他们振奋，并为同事们提供有益信息。

行动

欣赏熟练表现的美感5个步骤

1.放下自我，学会接受他人有能力成就伟业的事实。

2.即便在困难时期，工作中很多事情都可能无效或出错之时，也会有部分出色的表现。找出来。

3.期待并追求卓越。你需要离开办公室或工作区，和团队保持更紧密的联系。

4.关注自己对工作中的出色表现产生情绪反应的时刻，无论是在运动中，在管弦乐作品中，在艺术品中，还是在其他地方，注意到这种情感反应都是一个好现象。

5.考虑自己的表现：当你做出了杰出的工作时（这对领导者算是常规要求），你会如何反应？

问自己

1.当我见证出色的表现时，会注意到什么？

2.在什么情况下我最可能/最不可能发觉卓越？为什么是这样？对我自己和他人有什么影响？

3.我的团队会如何评价我欣赏卓越的能力？

4.我在工作中哪些方面表现突出？

5.今天哪些人拥有出色表现，我可以向谁表达赞赏之情？团队成员、同事，还是老板？

十五、更高的目标

我始终坚信工作具有更高的目标和意义。或者换句话说，**他们基于目标领导。**

明确的目标感揭示了你生来要做的事情。一旦你意识到自己更高的目标，就能摆脱过分关注细节的需求，实现更快地决策。

关于目标这一话题并没有什么新鲜见解，除了近期的一些思考，如西蒙·斯涅克2009年的TED演讲。实际上，至少从希腊哲学家的时代起，到维克多·弗兰克尔和帕特里克·希尔等更现代的心理学家，目标的核心本质就已经得到了充分表述。

无论是总体性目标，例如你整个的人生目标，还是情境性目标，例如你作为领导者在工作中设定的目标，具有明确的目标非常重要，这一点早就得到了人们的认可。其实帕特里克·希尔最近发现，无论你现在多少岁，花点时间设定一个明确的总体目标甚至可以延长寿命。如此一来，再没有比设定目标更重要的了，对吧？

一起开展业务时，我们所做的第一件事就是和其他董事一道，在办公室之外花时间定义我们的核心目标。我们进行了几次迭代，不断改进，但即使从那时开始，我们也一致认为我们想要"塑造领导力培训的未来"。

明确我们的目标感：

- 能为我们所做的一切提供指导。
- 能加快决策速度，因为只需回答一个问题："我们要做的能塑造领导力培训的未来吗？"
- 确保我们与能够帮助我们实现目标的人打交道。
- 帮助我们提高效率。

● 让我们每个人都对自己能够带来的改变感到自豪。

那么，为什么定义目标如此重要呢？

因为无论是在个人生活中还是在职场生活中，目标容许你在已知的界限内调整人生的方向舵。根据目标规模，还可以将自己与更远大的事情相关联。目标提供了存在、生活、工作和奋斗的理由。

那么如何才能有目标地领导呢？可以通过相信、思考、表达、行动、问自己……

相信

如果你相信"宏伟计划"，相信生活早有安排，你完全无法控制自己的命运，那么创建目标对你意义不大。

但如果你觉得自己仍有些"自由意志"，可以塑造自己的未来，那么相信目标的力量就有意义。所以，致力于发展自己的目标，它将对你和下属有益。

思考

考虑以下问题：

1. 什么能让你真正兴奋起来，对你很重要？

2. 你对领导和员工有何看法？

3.你的价值观是什么？你对以上问题的回答对你的潜在目标有何启发？

确定目标后，找到一种方式有意识地坚持下去，与目标保持联系，比如将目标设定在屏保中，写下来放在钱包里随身携带。

用这种方式牢记目标有助于指导你思考，也为你审查决策提供了锦囊妙计。

表达

"这与我/我们的目标相符吗？"你可以经常问这个问题，以保持决策一致，保证工作的连贯性。决策不一致时也不要完全否定，思考"需要怎样修正才能与我/我们的目标保持一致？"有时要从不同的角度看问题，事情才会看起来或感觉到合理。让你的团队成员也参与进来，根据你的目标来思考决策。

行动

以下是实现人生目标的3种方法。

定义更高目标的3种方法

1.写下你当前的生活目标（提示：这个目标可能是指以某种形式帮助他人，也可能和你要赚多少钱没有任何关系）。

2.用两个星期完善目标。时常回顾，尝试用不同词句组织语言，直到获得"顿悟"，意识到自己已经找到了真正的目标。

3.确定自己将如何实现目标。你要通过什么方式让自己"有目标"地生活，可能是事业、家庭或者目前的爱好。

问自己

1.我的领导目标是什么？这对我的领导方式有什么启发？

2.我生活的目标是什么？

3.我们团队的目标是什么？

4.怎么做可以帮我确保与目标保持一致？

5.作为团队，可以采取哪些流程来帮我们和目标保持一致？

第六章

决心

洞见

挑战　　对错　　满足　　激情　　重视优势

决心：引言

领导者不会因挑战和困难而退缩。他们很清楚是非对错。他们全力完成手头的事情，不会轻易分心。不论做什么，他们都充满激情和活力。他们非常了解自己的优势，会在事情变得棘手时挺身而出。

十六、挑战

面对威胁、挑战和困难，我从不退缩。或者换句话说，**坚定立场，公开表态**。

领导者做好准备依照信念行动，做正确的事并接受后果时，就彰显出勇气。从这个意义上说，勇敢不是没有恐惧，而是愿意采取行动，不担心失去工作、受到批评、感到为难、树敌结怨或失去地位等风险。领导者面对许多情况，每天都必须以道德勇气行事。

注意不要将勇敢和愚蠢混为一谈。勇敢的领导者知道，他们需要防范鲁莽行为，防范不计一切潜在后果就冒险的倾向。

领导者的勇敢与地位、职位、头衔或收入无关，因人而异。不管人们在组织中的"等级"如何，一个人对风险的认知可能与另一个人的认知截然不同。当一位领导者对行为感到不确定（有时甚至有点恐惧），却仍然坚定地执行时，勇气便得到彰显。而另一位领导者采取同样的行动可能都不需要勇气。

史蒂夫是英国一家非常成功的小型科技公司的首席执行官兼所有者，他自己有一个小测试，用来判断是否需要开启"勇敢"按钮。当史蒂夫准备参加会议、与一个团队展开艰难的对话或向股东展示时，他会注意到自己体内发生的变化，并利用生理线索。如果手心略微冒汗或是胃里翻涌，他便相当肯定自己需要站起来，勇敢直接地表达。或者换句话说：他清楚自己要站出来领导。

表现最好的领导者将挑战视为实现突破和个人成长的机会。

当有机会改变现状时，他们往往会全力以赴。维持现状导致平庸，领导者会寻求并接受具有挑战性的机会来测试自己的能力。他们探索创新方法来带领组织前进，并愿意尝试和承担风险。由于冒险免不了遭遇错误和失败，领导者学会接受不可避免的失望，他们把冒险视为学习的机会。

追随者体验到勇敢的领导，就会对自己和同事充满信心。他们相信自己能完成一些特别的事情，也确实常常能做到。行动带来的风险可能是真实的，也可能是感知到的。领导者评估各种情况，准确测定风险的性质。这种风险多大程度上是真实的？采取这种行动的潜在后果是什么？即便他们可能会感到焦虑和不确定，也要做出判断，为团队或企业的利益采取行动。

如何**勇敢**地领导？叮以通过相信、思考、表达、行动、问自己……

相信

"这样做值得吗？"这并非伟大的领导者面对真正的挑战时会问的首个问题。他们首先会问自己："我现在需要做些什么吗？"如果回答是肯定的，他们会评估自己的选择，然后继续前行。能力很强的领导者都深信"做正确的事永远没错"。不作为并非他们性格的一部分，不在他们的领导者iD中。

思考

面对挑战时，不要从评估风险开始思考过程，而要先评估情况和你应对挑战的能力。考虑清楚可能的解决方案，然后将评估风险作为采取行动前的最后一步。这些做完后，再迅速且自信地采取行动。

表达

需要变得勇敢时，聪明的领导者习惯说：

"我们可以……"

"我们该怎么做？"

"我们首先需要做什么？"

"谁能帮助我们？"

"我认为……"

"这不对。我们该怎么办？"

"能有多困难？"（我们尤其喜欢用这句）

| 诊断情况和结果 | 衡量基准能力与要求 | 考虑选择 | 计划公司风险评估 | → | 行动自信且果断 |

行动

领导者步入"焦虑的舞台"，走上艰难的道路，但知道最可能带来的结果是改变和学习。如果什么都不做，选择"创造的回避"，最多也就是维持现状。以下是你现在就可以采取的行动，这些行动可能会让你手心冒汗，但如果你站出来，就能实现真正的改变。

采取行动，变得勇敢的5种方法

1.选择你一直在回避的一场艰难谈话，开启它。

2.下次犯错时，接受"责备"，不要试图转移，全力改正错误。

3.阻止某种情况以应对无礼或粗鲁的行为。

4.找到一项爱好、计划或挑战，让你能够真正地突破目前感知到的极限，例如加入公共演讲小组，跑一次马拉松或超级马拉松，侨居国外且只讲当地语言，打电话给你希望能指导你的人。

5.用美国前第一夫人埃莉诺·罗斯福的话来说："每一次真正停下来正视恐惧，你就会获得力量、勇气和信心。你可以告诉自己：'我已经经历这一切，我有勇气面对下一个挑战。'你必须要去做你认为自己无法做到的事情。"

问自己

1.我一直在回避什么事，现在能做了吗？

2.到底是什么阻碍了我做上面提到的事情？

3.除掉"忙碌"的感觉，我每天、每周、每月的真实感受如何？

4.如果我能做任何事，我会选择做什么工作（提示：你可能会比现在想象的更接近这个目标）？

5.如果我更愿意挑战自己、他人和环境而非毫不作为，我会有什么感觉？

十七、对错

我很清楚是非对错，并以此约束我的行为。或者换句话说，**伟大的领导者之崇高正直是有原因的。**

工作中你是否曾因被要求完成任务而感到不适？你是否曾意识到如果你是老板的话绝不会像他那样对待别人？这个内心的警示系统和你的正直感息息相关，为人正直是指你的行为和价值观的一致程度。

正直领导的十大理由

1.领导者清楚自己的价值观并花时间明确哪些价值观优先级更高，便于他人追随。

2.作为领导者，了解自己的价值观有助于打造始终如一的高绩效团队。如果你行事一以贯之，人们就能以一种更可预测的方式认识你，从而给人以高度确定性。

3.工作时保持与价值观一致，可以减少作重要决定所需的精力。

4.虽然你的决定和行动并不总是"正确的"，但以你的价值观为指导的决定更容易对自己或他人做出解释。

5.领导者知道他们的价值观和目标之间息息相关。

6.十分正直的人更清楚何时该离开一个组织。当你的价值观和雇主的价值观相差太远无法调和时，内心的警示系统会告诉你是时候离开了。

7.人们知道你有一套清晰的价值观时，他们倾向于相应地调整自己的行为，这对你和他们都有帮助。

8.更清晰地表达自己的价值观，能帮你认识自己和其他观点相似或截然不同的人之间的动态关系。

9.高度正直并非死板僵化。当信息浮现，需要重新审视价值观时，成熟的领导者会花时间重新考虑如何适应。

10.一旦你清楚是什么促使你为人正直，找新工作就简单得多。只要通过了解组织的价值观，观察知行是否一致，你就能找到新组织供职。

那么，如何才能正直地领导呢？可以通过相信、思考、表达、行动、问自己……

相信

与直觉恰恰相反，拥有多种观点的能力对于高度正直确实很重要，即使这些观点看起来可能互相冲突。确保你能向自己清楚地表达持有的价值观，并且定期思考不同的观点。这种深刻的思考有助于维护你的价值观，使你更正直地生活。它也可以对你的观点进行实时监测，如果有反馈显示需要做出一些改变，也可以对价值观进行调整。

思考

定期思考你的想法和行动，它们是否符合你认为对自己很重要的价值观？如果确实是，那你就过着正直的生活。但如果你和我们很多人一样，承认在生活中某些方面，你理想的"自我"和现实的"自我"不一致，那么你的生活就有些自相矛盾，它将会影响到你的自尊心等诸多重要方面。思考并计划如何获得更高的一致性。

表达

具有清晰的自我意识和价值观，并在生活中保持高度正直的领导者不害怕表达自己的立场，例如说"我相信……"他们不会为持有的立场而道歉，认为人人有权发表意见。

然而，遇到和自己观念不同的事，他们的反应通常是"有意思，多讲点……"真心想要了解信息，理解他人。多做这种练习，它解放了人们的思想，带来了乐趣，你也能学到很多东西。

行动

以下练习由我们的好朋友，著名心理学家和教练塔提亚娜·巴克基洛娃教授提供。

正直领导七步法

1.把一张纸分成五栏。

2.依次为每栏添加一个标题：

- 价值观

- 理想

- 现状

- 正直评分

- 反思

3.在第一栏列出10个你认为对自己很重要的价值观。

4.在第二栏中，按照这些价值观对你的重要性从1~10排序。列表中最重要的价值观得1分，最不重要的得10分。

5.在第三栏中，重新按照你每天如何践行这些价值观排序。

生活中一贯奉行的价值观得1分，很少奉行的价值观得10分。

6.在第四栏中，计算第二栏和第三栏的分差。

注意：不需要用负数，只需要填分差。例如，如果你理想中"正直"得分为6，在现实中得分为3，那么你在第四栏中的正直评分就是3。

7.最后，在第五栏中给自己写一些笔记，说明为什么你对某些价值观高度知行合一，也就是说这些价值观在第四栏中得分很低，而其他的相对较高。

问自己

1.我发现什么情况会对我的价值观造成最大的"干扰"？

2.我的价值观从何而来？

3.我意识到自己什么时候最容易缺乏正直的表现？我这样做的原因是什么？

4.我所持有的哪些价值观可能与我现在的状态不一致？

5.我什么时候觉得自己最自在，状态最好？

十八、满足

工作时我不会分心，完成任务时会感到满足。或者换句话说，**坚持是取得长期成功的关键因素。**

丹尼尔·查布里斯曾写过一篇精彩的文章，标题也同样漂亮，叫《卓越的俗常性》。查布里斯在文中概述了游泳运动员如何成为卓越的竞赛选手，也就是如何产生"一贯的卓越表现"。他表示只要在比赛全程专注做好所有微小、正常、平凡的事情，就有可能在游泳中取得优异的成绩。

有三个要点需注意：

1. 游泳运动员并非一日练成——他们日常投入无数"小事"，最终构成了出色表现。专注练习是实现卓越的重要因素，最好的游泳运动员在训练质量上要优于他人。

2. 这些游泳运动员不比其他人训练距离更长——他们不参加长距离游泳，不受"表现主义"的折磨。

3. 这些游泳运动员保持着长期（几年）的出色表现。在2004年奥运会上获得3枚金牌的游泳运动员玛丽·米格尔认为："人们不知道成功有多平凡。"

米格尔认为卓越的表现源于始终如一的高质量行动和思考。这与我们的经验相吻合，通过这种方法可以在包括领导力在内的所有领域实现最高水平的表现。

你可能听说过这样的概念：要成为某个领域的专家，需要刻意练习1万个小时（e.g. Ericsson，1993）。遗憾的是，这样的研究经常被过分简化或被提炼成只言片语。撇开这个争论不谈，表现优异者似乎都会刻意练习（即长期高质量地专注练习）。

　　毅力是指面对不可避免的挑战时，能够在较长时间内全身心投入的能力，也是高层领导者身上我们深为钦佩的一种品质。

　　成为一名出色的领导者需要持之以恒。下定决心长期将俗常之事做到极致，直面困难，这几乎就是决定成功可能性的最大因素。

　　那么，如何才能成为一个更执着的领导者？可以通过相信、思考、表达、行动、问自己……

相信

　　在足够长时间内投入极大精力追求卓越，需要相信结果的重要性。明确结果（或效益）的重要性能够让你找到投入过程所需的动力源泉。此外，一开始就认识到前方的道路会有阻碍，同时相信克服阻碍是值得的，这种心态将激励我们长期采取高质量行动。

思考

　　在你投身的领导力领域中追求卓越本身就是一种崇高而有价值的目标，积极思考需要建立在这样一种信念之上。如果你认为发展成为一名伟大的领导者是他人对你的期望，或者是一件用来获得短期回报的事情，那么注定会失败。毫无疑问，你将在前几周内表现出色，然后就会半途而废。坚持需要基于内在动力的精神力量。

表达

个人毅力更多地伴随着内心的声音而非外化的语言表达。多练习以下内心表达会有帮助：

- 避免说：

"他人会怎么想？"

"这真的**对我**很重要。"

"真无聊！"

"我**必须**这么做。"

"够好了。"

- 替换为：

"他人的想法无关紧要，我能做到。"

"**我认为**这真的很重要。"

"我追求卓越！"

"我**要**这么做。"

"如何能做得更好？"

行动

以下是打造毅力的五大建议。

1.愿意认真且客观地看待自己当前的表现。

2.写下你能一贯表现出高水平的技能、行为、思维和态度。

3.写下为提升表现水平需要发展的技能。

4.要有明确的目标感，这样才能持续地激发动力。

5.在你选择的领域中，这里指领导力领域，长期不懈地发展毅力。不要只坚持一年半载，而要坚持3年、5年，甚至10年。毅力和耐心之间存在着有趣且有益的关系。

关于毅力的进一步思考：要培养在有限领域做很多事情的能力，而不是在很多领域做有限事情的能力。这种有针对性的方式使你能够积累专业知识，助你在遇到挑战时更轻松地找到解决方案。这种方式还能让你在所选的领域发展卓越，收获高度自信等好处。

问自己

1.发展X（比如领导力）对我来说有多重要？

2.在这个过程中，我预计会遇到什么挫折？

3.我如何保持在正轨？

4.我能请谁来帮助我保持专注？

5.什么对取得成功而言很重要但却让我觉得无趣？那么我

该怎么办？

　　6.我什么时候会不耐烦？我如何确保自己能坚持到底？

　　7.我想象中的成功就是……

十九、激情

　　我带着激情和活力去做所有工作。或者换句话说，**活力是生活的调味剂。**

　　活力是高效领导的关键因素。全心追随自己的激情、有清晰愿景和目标感的领导者会散发出真正的活力。我们见过许多看似安静，甚至内向的领导者，他们若得到平台参与对自己极为重要的话题时，就会活跃起来，像是被按下开关。

　　然而，一开始这种活力似乎也有不利的一面。也就是说并非所有人都像你一样关注你的"专长"。的确，你对自己"专长"的热情在一些人眼里可能很重要，但对另一些人来说则显得强硬或傲慢。让我们来分享一个案例：加里·维纳查克是葡萄酒界早期的电子商务专家。近年来，他成立了自己的媒体公司，在世界各地发表主题演讲。其实加里的风格十分咄咄逼人，他满口脏话，很多人一开始可能会对他避之唯恐不及。他尖锐强硬，很有魄力，但他也非常清楚自己要传达的信息，做事惊艳，丝毫不为自己的方式感到抱歉。加里似乎已经放下了社交套路，因此有旺盛的精力可以挥霍，传说他每天工作18—20个小时。加里用他的能量激励了许多人，即使你最初对此持怀疑态度，也很难不被感染。

但我们并非建议你开始对下属破口大骂，而是希望你搞清楚真正推动你前进的动力。如果你的领导缺乏活力，就很难对下属产生积极影响。

那么，如何使领导者更具活力呢？可以通过相信、思考、表达、行动、问自己……

相信

同自己的目标和使命建立深厚的联系会让你产生一切所需的活力。相信你正在做的事情对自己和他人（如雇员、雇主、社会）都很重要，会为你带来大量的动力和能量。对自己成功的机会保持坚定的信念同样重要。把握好平衡，无论用什么标准判断，不要否定自己取得成就的能力。

思考

我们知道很多领导者都在不断问自己："这样做是否与我的目标一致？"如果思考过后得到的答案是前进的方向与目标一致，那就勇往直前吧。但如果不一致，那就最好作罢。除了确认一致性，优秀的领导者还会思考："在这种情况下，我如何才能成为最好的自己？"他们敏锐地意识到，作为领导者一定要率先垂范。

表达

在需要时说"不"。

经验丰富的领导者在被要求做一些和正在进行的头等大事无关的工作时会说"不"。这些领导者不会道歉，但会做出一个对他人有帮助的简短解释，特别是对那些不习惯被拒绝的人。这样的解释可以很简单："我现在不能那样做，因为我把所有精力都投入在……"

行动

带给你领导角色更多活力的5种方法

1.回顾你手头的所有工作，找出你可以不做或交给别人去做的事情，然后把事情抛下或者委托他人处理。

2.和你的直属下属重新协商一些工作，这样你就能明确地致力于重要的工作。

3.开始留意自己的节奏。注意什么时候你工作效果最好，精力最充沛。把重要的工作集中在白天或晚上的该时间段。

4.监测营养。不良的饮食习惯会严重影响你的情绪和精力水平。

5.休息一天，尤其是当你大部分时间都是伏案工作时。四处走走，这不仅是提高能量水平的一种好方法，还能让你和团队保持紧密联系。与目标保持联结和提供充沛的活力也会相互促进。

问自己

1.这项工作如何帮助我实现目标？

2.我可以拒绝这个请求吗？

3.我可以把什么工作委托给他人？

4.这是对我有益的食物、锻炼或习惯选择吗？

5.别人对我表现出的活力有什么看法？

6.我怎样才能更明显地展示对这份工作的热情，同时又符合我的个性？

二十、重视优势

我重视自己的优势，也重视他人的优势。或者换句话说，**强化优势**。

充足的自我意识也许是每个成功的领导者都拥有的特质。了解自己的想法和优势以及在需要时如何利用这些优势，这样才能使优秀的领导者脱颖而出。

意识到自己的独特优势，并通过之前的经历验证对这些优势充满信心，能让人们感受到自我价值。珍视自己的人过着更加满意的生活，对世界贡献更大。

当然，你还必须花些时间关注需要改进的地方，因此要先意识到自己哪些方面的表现尚未达标。但在不足上花费太多的时间只会导致潜力得不到充分发挥。

相信自己在特定情况下能圆满完成任务，成功的领导者认识到强化这一信念的价值。他们知道发挥自己和他人的优势能够增加成功的机会。他们不把优势看作理所当然，只希望最大限度地利用优势，明确可以发挥多大的优势。他们钦佩并借鉴他人的优势。

本着平衡的精神，此处有个忠告。伯纳德·霍尔丹给了大家一个必要的提醒，即帮助人们发挥优势可能伴随着危险。

"优势意味着成长和潜力，但许多人宁愿不知道自己的优势是什么，因为取得成功需要更强的责任感，而不是待在自满和抱怨的安全地带。"

那么，如何通过关注自己和团队成员的优势来承担起成功的责任呢？可以通过相信、思考、表达、行动和问自己……

相信

相信自己在某一领域有优势和被自己的能力所迷惑之间有一条微妙的界线，你需要高度的自我意识才能做出准确的判断。在许多方面，你的持续发展最好基于真正相信打造优势是一个永无止境的过程。持有这样的核心信念对持续成长过程十分重要。

思考

思考你拥有什么优势以及支持该结论的证据是重要的第一步。"我该如何运用自己或他人的优势来取得成功？"高效有力的领导者面临各种情况时几乎都会条件反射性地提出这一核心问题。他们还会考虑自己在哪些方面存在欠缺，是否可以利用优势来弥补欠缺。

表达

反馈对于发展高水平的自我意识至关重要。适当情况下，向他人询问你能轻松地展现出哪些优势能够为你提供大量数据。只需问你确定会提供诚实见解的人，"能告诉我你认为我拥有哪些优势，需要发展哪些方面吗？"无须要求证明或解释你得到的反馈，只需感谢他们抽出时间和你交流。思考你听到的回答，制订接下来的计划。

行动

成为注重优势的领导者的7个建议

1.了解他人对你优势的反馈，如上所述。

2.要求更多人参与完成在线全面反馈版领导者iD诊断，这将会生成大量与你领导力相关的具体数据。

3.认清你不够强的方面，制订发展计划。

4.大概了解你所依赖的人的优势。遇到自己可能不太擅长的领域时，明确向他们寻求帮助的时机。

5.找一位拥有你目前不具备的各种优势的导师，问他能否在特定的领域帮你提升。

6.接受一项挑战，由此发展对你目前的角色来说最为重要的优势。

7.留心那些你可能会夸大的优势，强调得太过分反而会变成一种负担。

问自己

1.回想你最近什么时候工作状态最好。问自己：通过这次经历我对自己的优势有了什么了解？

2.上个季度什么时候我的精力最旺盛？为什么？

3.什么时候我会保持信心十足？这说明我的优势是什么？

4.我工作表现中的哪些方面是我依赖的关键优势，并一直帮我取得成就？

5.今年我打算如何发展自己的专业技能？

第七章

平衡

洞见

第二次机会　　选择与结果　　成就　　控制　　公平

平衡：引言

优秀的领导者通常会宽恕错误，总是给人们第二次机会。他们十分谨慎，行动之前会考虑周全。他们不追求成为众人瞩目的焦点，更希望用成就来证明自己。他们有意识地调整自己的感受和行为，能控制好自己的情绪。公平待人是他们的处世原则之一。

二十一、第二次机会

我会给犯错的人第二次机会。或者换句话说，**人皆犯错，宽恕是德**。

你是否曾因为下属把事情搞砸了而对他们感到非常失望？

你对下属的信任最终换来失望？你已经提供了清晰的指导方针（你认为如此），但是下属仍然错过了截止日期或是做出了完全不符合你预期的东西？十分恼人不是吗？

如果你团队中有人表现非常糟糕，你作为领导者做出以下两种反应只会让事情更糟。第一种，如果你没有明确指出哪里做错了，不提供方向性或指导性的支持来帮助他们改善工作，那么几乎可以肯定类似的问题会再次发生。不要放任表现不佳的员工，提供一些明显的帮助让他们进步。

第二种无益的反应是永远拒绝某位团队成员再次赢得你的信任或尊重。我们知道这听起来迂腐陈旧，但很多领导人在跟我们合作之初都说过，一旦有人让他们失望，那个人就**永远**不能在他心中重获原来的地位，永远不能。但培训后期很少有领导者这样说了。

哇！你知道这种方式可能会带来什么结果吗？

- 人们停止冒险，不再尝试新事物，不再创新。
- 团队把事情搞砸时也不会再向你说明。
- 团队成员不再尊重你，因为尊重需要相互赢得。

宽恕并非过于温和的领导方式。恰恰相反，要克服失望（顺便说一句，你可以自由沟通），同时还能帮助一个人变得更好非常困难。他们知道自己搞砸了，所以要帮助他们提高。没有人每天专门奔着失败的目标来上班。

如何将宽恕融入你的领导者 iD 中？可以通过相信、思考、表达、行动、问自己……

相信

在这种情况下，我们看到领导层反应欠佳大多是由于一些错误的信念，例如：

- "失败"无可挽回。

- 人们让你失望。

- 完美可以实现。

- 高绩效可以直接实现，无须克服道路上的诸多障碍。

如果你持有以上任何一条信念，你会发觉很难宽恕他人，也很难宽恕自己的失败。失败常常发生，失败也教会我们很多。

开始相信这一点，学会宽恕就变得更容易。

思考

采取开放、好奇的心态，探究项目或可交付成果没有按计划进行的原因，试着理解那些表现不佳者的想法。作为领导者，考虑你本可以做些什么来保证成功。与所有相关人员一起，思考可以从这次经历中学到什么以确保下次能有更好表现。

表达

疑问句这种语言既能表达了解的欲望，又有宽恕的能力。所以下次出现差错时要问相关人员：

- 你对要求的理解是什么？
- 发生了什么？
- 下次你会怎么做？
- 还有哪些其他资源可以让事情变得更简单？
- 我如何能提供更多帮助？

具有讽刺意味的是，当你开始问自己作为领导者本可以做些什么时，许多人意识到答案是"能做的不多"，那么他们理所当然负有责任。

行动

你的宽恕行为某种程度上取决于实践的机会，但你也可以听取以下建议来锻炼宽恕的能力。

练习宽恕的4个建议

1.回想最近你本可以对工作或家庭中哪些不太顺利的事情表现出更多宽容。剖析这个例子以及你的反应。

2.回答以下问题：我的反应能如何有效地：

a.解决眼前的危机。

b.为对方下次工作建立信心。

c.从不利的状况中学到东西。

3.把你下次要做的事情都列出来，以确保及时性更强，带来更好的长期结果。

4.安排团队会议重新设定期望。向你的团队说明你对表现欠佳者的处理方式，一定要包含及时、清晰、具体的反馈和支持。另外，要允许创造一个让人可以放心的环境，使他们没能表现妥当时敢来告诉你。

问自己

1.我如何看待对完美的追求？

2.失败的价值是什么？

3.当我察觉到有人让我失望时，我自身有什么变化？

4.他人让我失望这件事还能怎么看待？

5.我能多大程度上完全信任犯过错的人？

6.过去我没能完成工作时，我的领导是怎么处理的？对我产生了什么影响？

7.我会在宽恕方面做出哪些改变？

二十二、选择与结果

我是个谨慎的人，在得出结论之前会审视所有可能的选择和结果。或者换种说法，**考虑全面，再做决定**。

领导者的这一特质初看似乎与他们现在所处的快节奏世界格格不入。变化的速度不断加快，变化的规模也常常令人震惊，乍一看，谨慎似乎有点不合时宜。

谨慎会带来的形象问题，被用来负面地暗示领导者过于小心，彻底规避风险。如此定义谨慎并不公平。谨慎的领导者在做决定前可能想要更深入地了解自己拥有的数据，但谨慎不应用来指代不愿冒险也不做决定的人。

谨慎有其自身特性。

谨慎有助于平衡那些过于依赖直觉的决策（和决策者），以及那些不愿、不能或不会在做决定前参与深度挖掘和尽职调查的人。风险意识和风险规避之间存在重要的区别。后者扼杀发展，与领导者的机会主义倾向相伴相生。前者是明智之举，表明愿意承担任何规模的风险，但前提是已经考虑到了所有可用的相关信息。

还有一个重要的区别是，谨慎的人在情况需要时可以展现出"情境性谨慎"这一高度可取的技能，这与过于胆小而不敢做决定的领导者恰恰相反。对于一些领导者来说，例如新上任或者相对没有经验的领导者，这种胆怯完全可以理解。但是一般来说，胆怯无益。值得庆幸的是，领导者在优秀的导师或经验丰富的领导力教练的帮助下能够解决这个问题。

那么，如何变得更加谨慎呢？可以通过相信、思考、表达、行动、问自己……

相信

根据你对谨慎的自我认识，你可能需要审视自我或者增强自信。如果你认为自己的经验和知识能帮你快速准确地做出决定，那你可能需要认识到自己并非什么都知道，因此可能需要谨慎地进行分析。如果你觉得自己可以为了找全最后的信息而推迟做决定的时间，更相信自己的决策能力对你和下属都十分有用。

思考

有效把握谨慎程度其实需要一种平衡的心态。这种观点认为人永远无法找全所有可用的信息，同时也不会过度依赖直觉。做关键决策时，审视自身以及自己在没有足够意识的情况下采取的思维模式将会极大地帮助你在信念和勤奋之间取得更好的平衡。没有人愿意被彻底特立独行或绝对杞人忧天的人领导。

表达

谨慎的话语总是试图在任何时间点维持状况的平衡。我们认识一位公用事业行业的 CEO，他经常问团队一个有趣的问题："我们还不知道什么？"这种方式很好，可以帮助你和他人考虑到尚未探索或尚未充分研究的领域。

行动

这个建议可以帮助你及时、谨慎地做出决定。

如何谨慎行事

对于任何领导者来说，最大的挑战是知道收集多少信息才算真正足够，细节挖掘到什么深度才算足够。我们做学术研究时就收到建议，当出现相同的信息、主题或见解时，数据考察便告一段落。因此，一旦数据"饱和"，似乎没有新内容可供挖掘了，当下可能就不会有新发现了。

留意"当下"这个重要字眼。

许多情况流动不居，变化频繁，因此可能需要提前商定好考察截止的时间点，否则领导者的调研可能会无期限地进行下去，留给他人优柔寡断的印象。

当你发现没有新内容可以添加时，你就明白是时候适可而止。

问自己

1.我对这种信息量感觉合适吗？

2.我们已经做了大量的研究，还需要满足什么？

3.我什么时候能确定数据足够了？

4.对于该决定我/我们还有什么没考虑到的后果吗？

5.是什么妨碍我做决定？

6.我是否尽可能地降低了风险？

7.我从中学到了什么，未来可以帮助我更快地做出决定？

二十三、成就

我更喜欢用个人成就来证明一切。或者换句话说，谦逊为本……

表现出谦逊而不显得缺乏自信很难平衡，表现出自信而不显得骄傲自大同样具有挑战性。

我们都是体育迷，尤其喜欢看运动员取得胜利后立即在电视上接受采访，这时可以有效洞察运动员的内心活动。胜利时刻，情绪高涨、警戒松懈，运动员通常会对胜利做出以下一系列反应：

1.胜利全靠我自己。

2.胜利全靠我的团队和支持者，我不知道我是怎么赢的。

3.我对自己的"执行力"（英国队在里约奥运会上的流行词）非常满意，同时我感谢所有支持者的辛勤付出。

领导者能从这种不受约束的反应中学到什么

第一种反应正对应我们常见的领导模式。团队仅仅被视为实现目标的一种手段，通常被视为会损害他们的利益。使成功成为可能的个体得不到认可。

第二种反应更为微妙。领导者把全部荣耀都给了其他人，而自己在组织、激励和推动团队方面所做的努力却完全没有提及。根据我们的经验，出现这种情况可能有多种原因，包括：

a.领导者真正意识到其他所有人作出的贡献，并愿意承认这一点；

b.领导者缺乏自信，不喜欢成为焦点，或者不希望提高人们对依靠自己再次取得如此出色表现的期望。

第三种反应更加平衡。采取这种方式不会夸大或低估领导者的作用。领导者对自己的角色有足够信心，同时也公开明确感谢团队的支持和付出。这样的方法对领导者最有效，因为这是正确的做法。

那么，如何在谦逊和傲慢之间取得平衡呢？可以通过相信、思考、表达、行动、问自己……

相信

要对自己的谦逊程度有清晰认知，关键要厘清你对领导力的认识。领导者的角色是什么？追随者的角色是什么？你的团队目标是什么？

这些都是具有挑战性的问题，需要深入探索。相信你和团队拥有双向关系是个很好的开始，如果做不到这一点，你的态度和行动就会失去平衡。

思考

审视自己的想法和行动，人们要么容易过度以自我为中心，要么容易过度关注他人：

- 定期反思你是否认可团队中个人的成就。
- 回想当前的项目，考虑谁的贡献应该得到认可。
- 下次你得到老板的赞扬时，感谢他们认可的同时想一下还有谁也发挥了关键作用，说出他们的名字。

表达

有两件事需要表达。

首先，在团队会议上，如果你打心底里认同，就指出那些对关键的胜利作出重大贡献的人。即使你知道自己付出了很多，也要习惯分享荣誉。

其次，获得赞美时，不要避开不谈，要接受并表示感谢，再指出其他一两位主要贡献者的名字，如上所言。

行动

在团队中打造谦逊文化的3种方法

1.打造这样的团队文化：既要对绩效和成就保持谦虚，也要有适当的自信。以支持性的方式测试团队成员得到认可时的反应，如果他们过于关注自己或他人，提醒他们靠近团队新标准。

2.考虑整个团队层面上的奖励或认可。这样可以确保每个人都认同伟大的事业不可能独自完成，也能保证你关注并认可每个人的贡献。

3.就个人而言，确保自己拿出最佳表现，这样再受到称赞时，承认自己的努力就会更容易一些。你不用再对认可无所适从，因为你确实全力以赴，问心无愧了。

问自己

1.我在这个项目上工作有多出色？

2.谁帮助我们取得了这一成果？

3.我能做些什么来与真正值得的人分享荣誉？

4.与他人分享认可对我的自信有什么影响？

5.成为别人的领导者意味着什么？

6.如何打造高绩效的团队？

7.如果我是自己的老板，我应该知道从这个团队了解谁？为什么？

二十四、控制

我严于律己，能控制自己的情绪。或者换句话说，**和自己对话**。

人们仰慕并尊重对自己的工作充满激情的领导者，当进展艰难或事不遂愿时，他们能够抑制住发脾气的冲动。

这种"情感一致性"本质是最高效率和最佳效能，是身心合一的状态。在此状态下，领导者更加专注灵活、清晰有力，最重要的是更积极向上。他们能控制自己的反应，而这种自控对他人有正面的感染力。

神经科学告诉我们，当我们承受巨大压力时，会暂时失去理性思考的能力，甚至活跃智商也会下降。因此，控制压力带来的身体反应是一项关键技能。这一自我控制的能力集中反映在调节呼吸的能力上。

成功的领导者知道，压力之下我们的呼吸会变得短促、不稳定，我们发觉自己无法在最需要的时候有节奏地呼吸。这种时候你需要找到方法，首先确认你怎么了，然后采取措施控制，这样你就能迅速回到最自然的交流状态。

著名的心理治疗师和研究人员巴塞尔·范德考克提倡定期练习瑜伽来提升自我调节能力。范德考克告诉我们瑜伽技巧能帮助人在紧张和放松之间创造一种节奏，我们每个人都能在日常生活中认识到这一点。我们的许多固定客户在压力下容易出现情绪波动，甚至充满敌意，他们通过练习瑜伽来提升自控力，取得了重大突破。

通过追求情绪平衡，提升自控力，我们可以释放出更强大的智力和精力储备。身体和情感的清醒和一致性能够增强认知能力，降低大脑在压力下"关机"、把我们引向歧途的可能性。

那么，如何获得自我控制能力呢？可以通过相信、思考、表达、行动、问自己……

相信

自我控制的核心是要相信你可以控制自己。认为"我是个脾气急躁的人"和"有时我会脾气急躁"是完全不同的。前者是你对自己静态、整体且自我设限的看法，后者是在特定情况下表现出来的行为，也暗示着你也许能够管理和改变自己的行为举止。你确实能够做到，所以要选择相信"有时我会"而不是"我是"。

思考

老实说：你真的想改变缺乏自控力的现状吗？如果你确实想，那就太好了。如果你没有改变的意愿，就无法实现改变。要真心认为改变很重要，否则转变想法本身就成了更具挑战性的事。

所以思考一下：

- 我要改变的决心有多强？

- 为了实现必要的改变，我愿意做什么？

- 对于我、团队和家人来说，改变能带来什么好处？

表达

有时候留些精神空间对提高自控力最为重要。因此，需要恢复平衡时，以下话语会帮到你：

- "你能给我一点时间吗？"

- "我需要仔细考虑一下，然后再给你答复……"

- "要是能多了解一下你为什么这么说/这么做就好了，这样我才能给出最佳回复。"

行动

练习提高自控力的4种方法

1.下次当你处于易怒的状况时，问问自己："我现在有什么感觉？"经常这么问，你就会识别出一些生理信号，比如"我的胃在翻腾，肩膀耸起，面部紧张。我知道我正感到焦虑"。一旦你意识到自己的感受，很快就能转变情绪，也许会从"焦虑"转变为"好奇"，甚至是"激动"。

2.遇到下列情况时，有意识地将情绪从焦虑转变为好奇，并注意情绪转变对思维质量的影响：

a.在例行会议或谈话前安静地独自一人。

b.在艰难的谈话或会议之前安静地独自一人。

c.在和别人例行谈话的中途。

d.在高风险谈话中途或会议即将进入紧要关头之际。

e.在谈话中，或者当你被问到具有挑战性的问题时。

3.每天留出5分钟时间练习正念呼吸。把手置于腹部，专注感受腹部呼吸。如果方式得当，你会感到腹部而非胸部的起伏。吸气时数到7，呼气时数到11时，你很快就会感受到自己的情绪。

问自己

1.我想成为哪种类型的领导者？

2.我目前缺乏自控力的原因是什么？

3.我注意到什么会使我失去自控力？

4.我是否认识泰然自若的领导者愿意帮助我？

5.我下了多大决心改变？

6.我早上什么时候起床练习正念呼吸？

7.我的家人能如何帮助我？

二十五、公平

我待人公平，尊重他人。或者换句话说，**以人为本，生产资料次之。**

你是否担心自己在类似情况下的待人方式前后发生变化？作为领导者，你能确保团队成员知道自身立场，并且认为你的立场始终如一吗？如果你对这些问题回答时是肯定的，那么很可能公平对你来说是一个重要的价值。如果是否定回答，请继续阅读……

此处的重点不是要确保你在任何情况下做出的决定都百分之百正确，没有人能做出这样的保证。但是我们想帮你理解为什么公平对人们来说如此重要，为什么公平和平等不同。

让我们先快速解决第二个问题。

公平和平等不是一回事。在纯粹的精英体制下，每个人的工资都一样，前提是每个人工作量相同、工作时间相同、为组织创造的价值相同。然而，你知道团队中有些人的绩效始终高于其他人，给他们和那些绩效不如他们的人一样的工资不公平。这就是平等但（明显）不公平的情况。我们相信，对于绩效更好的员工和尚未达到此水平的员工，你认可和奖励的方式也不同。这是公平的，不平等但公平。不要混淆这两者。

那么为什么"公平"如此重要呢？我们似乎从小就会本能地识别不公平现象，但随着年龄增长，我们大多数人都学会了接受生活中不时出现的不公平现象。

当人们认为事情不公平时，神经系统反应会给大脑一个叫作前额叶皮层的重要部位提供更少的资源，这就导致了我们以更复杂的方式进行自觉思考的能力下降。受到不公平的威胁时，人们倾向于恢复原样，这不利于实现高绩效。找到增强团队公平感的方法能够提升团队对你作为领导者的信任，并提高追随者的参与度。

那么，如何增强团队的公平感？可以通过相信、思考、表达、行动、问自己……

相信

在一致性和公平性之间寻求平衡很困难。卓越的领导者一贯遵循组织原则，抱有务实的世界观。有种观点认为，尽管一致性对于避免混乱至关重要，但应该根据每种情况本身的特点进行处理。领导者欣赏成年专业人士有能力从根本上进行讨论、协商，甚至否定，但这样做的同时仍能维持有效的人际关系。花时间确保公平对高效有力的领导者十分重要。

思考

当领导者面临困境时，尤其是在涉及员工的情况下，他们倾向于思考什么是对每个人都适用的"理想"解决方案，要公平并显示出一致性。他们从当事人的角度出发，移情于他人，预测任何拟议的行动方案会是什么样。他们寻求解决办法时围绕着公正和公平。

表达

有品格的领导者通过内在对话来检验如何公平地往下进行，如：

- "我上次做了什么？"
- "这个解决方案如何适用于 X、Y 和 Z？"
- "对所有参与者而言，有何利弊？"

有品格的领导者也会通过想象与他人的内心对话来检查合理性：

- "上次我们这么做的时候，你感觉如何？"
- "上次我们用了方案×，我提议现在用同样的方案，你是否满意？"
- "我很乐意为你和××（另一位相关人士的名字）完成这项工作，在我们所面临的限制条件下，你希望看到什么？"

行动

作为领导者，你可以立即采取以下5种方法，确保自己处事公平，并且别人也认为你很公平，从而避免团队成员之间的冲突。

确保你对所有团队成员都公平的5种方法

1.做尽职调查：保证自己预演决策并回顾行动，以便尽可能保持一致。

2.沟通：可能的话，清楚地解释你的决策过程，让对方明白你为何会下此结论。

3.尽量共同决策：让团队在适当的情况下为决策作出贡献，有助于提高参与感，对决策过程提供洞察。

4.接受你会犯错的事实：你也是人，也会时不时犯错误。

5.时常提供反馈：对于你的下属来说，没能意识到他们的表现不符合你要求的标准是不公平的。如果存在技术问题或行为问题，你可以为那个人提供清晰、及时、以行动为导向的反馈，这样才算公平。

问自己

1.当公平更合理时，我有在争取平等吗？

2.我能做些什么以确保各方都感受到被公平对待？

3.我需要向谁提供什么反馈？

4.我对待自己有多公平？

5.此举在多大程度上与我以前的行为一致？

6.对各方来说，最理想的解决方案是什么？

7.××现在会有什么感觉？

第三部分

有关卓越的核心洞见

第八章

体现卓越

> **洞见**
>
> 树立榜样　　履行承诺　　捍卫价值观　　正直　　高绩效

体现卓越：引言

杰出的领导者致力于在他们的团队中打造高绩效文化，并不断努力提高自己的工作水平。他们通过践行和捍卫这些价值观，为其他人树立了组织所期望的个人榜样。他们为人正直，履行承诺。他们有明确的领导指导原则和信念，而且始终遵守道德规范。

二十六、树立榜样

我通过不断努力把工作越做越出色，为他人树立了榜样。或者换句话说，**你必须能够做到言行一致。**

我们相信良性竞争是……嗯……良性的！我们还认为领导层内部应该存在良性竞争。组织高度重视的领导者懂得如何有效地利用竞争。他们精心运用竞争力，将其能量最大化，并管控其中的消极因素。同时这些领导者很清楚竞争力可以被有力地应用于何处，也就是在他们的领导下用于自身发展。

恶性竞争

竞争的本质有两个主要的"黑暗面"。首先是一种"不惜一切代价取胜"的心态，其次是陷入完美主义的永恒陷阱。

如果认为2008年的全球金融危机是由单一因素造成的，就把问题过分简单化了。但很明显领导层存在失误，同样明显的是许多银行的组织文化导致了"不惜一切代价取胜"的做法，人们开始走捷径，诚信被放在次要地位，应该听取其意见的人遭到忽视。因此要避免短期效益的诱惑。

另一个需要注意的陷阱是成为追求完美的牺牲品。没有什么是完美的，很多事物都很卓越。因此追求卓越可以实现，而完美主义无从实现。前者可以帮助你努力取得出色表现，后者最终导致放弃、永不满足或难以取得成果。竞争是为了卓越而非完美。

你最大的竞争对手就是自己

你可以与任何事或任何人进行竞争，但只需把你的竞争天性集中在自己身上。每天你都可以在许多方面和自己竞争，让明天的自己比今天更出色：

- 关系。
- 结果。
- 团队效能。
- 效率。

成为伟大领导者的典范。

我们曾反复对领导者们说过一句话，使他们产生了以前被低估的认识：作为一名领导者，**你永远都是典范**。组织中的每个人或多或少都会注意到你每天如何"露面"、如何为追求卓越而努力，但不要有压力！

领导我的团队

- 制定并维持卓越表现的标准，向那些陷入追求完美主义陷阱的团队成员提出质疑。
- 定期询问团队成员自己表现如何。作为领导者，你做了哪些有效的工作？哪些工作还能做得更好？你在哪些地方言行不一致？当你收到的反馈模式和主题逐渐清晰时，制订出改进计划。
- 质问那些不能坚持团队共同标准的成员。为改善他们的表现提供支持，同时坚持在指定时间内提高标准。

- 在设定目标时，最好分成3个层次：金标、银标、铜标，或类似的分法。如果一切都按照计划进行，或者完成得更好，就可能实现金标。再由此设定银标和铜标。
- 完成所有目标后进行回顾，看看本可以设定多高的目标。

领导我的组织

- 注意到整个组织中有人实现目标（如销售目标），但实现方式与组织期望的行为方式不一致时，做点什么？说出来，提出疑问。找到一条反馈自己观点的途径。
- 如果同事落后于进程，不要怕公开讨论。试着了解为什么会这样以及你如何能够为他们提供支持。
- 在组织变革项目的早期阶段发挥作用，成为公认的领导者，可以为公司范围内的变革项目增加价值，带来热情。这将使你成为进步的榜样。
- 定期向你的直线经理（以及他们的直线经理，如果合适的话）寻求关于你工作情况的反馈，不要等到年中或年度考评周期再问。表示你渴望把工作做到最好，并请他们以最高的绩效水平要求你。

二十七、履行承诺

我履行对他人许下的承诺。或者换句话说，**要言出必行**。

人们希望为能够信任、志同道合、思想开明的领导者工作，还希望领导者能言出必行。按照我们的经验，高绩效人员也乐于遵守此类标准。

你怎么看那些说要做某事却没有做的人？如果下次他们说会交付项目但仍没有实现，你会怎么想？你可能会给他们第二次或第三次机会，但不可避免地，在你眼里他们的信誉已经受损。

一旦你做出承诺，就要保证后续履行承诺。

以下是需要更注重履行承诺的几条理由：

1.正直。高效有力的领导者重视正直。"我言出必行"概括了在工作场所兑现承诺的正直理念。兑现什么承诺、何时兑现，不仅关乎他人对你的看法，更关乎你对自己的看法。如果你承诺做某事，请务必兑现。

2.信任。人们犹豫着不愿相信那些不守诺言的人。如果有人多次让我们失望，那么我们倾向于判断他们不可靠、不值得信任。领导者与下属的关系，以及与直线经理、董事会或股东等最终要对之负责的人的关系都建立在这种信任之上。

3.信誉。信誉反映了我们的知识和经验。网络上有很多人自称"思想领袖"，但其实我们很难对自己的信誉做出评价，信誉应由他人评价。我们最多只能通过慢慢提升信誉来影响他人对我们作为领导者的看法。

领导我的团队

- 确保团队表现良好的前提是他们准备充分并且了解细节。当人们准备不足就去参加会议、演示或推介会时，对团队的信任破坏力最大。

- 团队要定期核实项目时间表，以确保在规定日期（或之前）实现里程碑。作为领导者，你必须坚持让团队共享有关进度的精准细节。不要接受含糊的承诺。打造诚实面对进展和问题的文化，如此一来，就可以根据需要提前找到解决方案。

- 在不陷入完美主义的前提下，追求高质量的思考和行动。不要停下脚步，这并不是可以在一夜之间和团队一起实现的变化。如果目前情况不那么理想，则需要清晰、稳步地引入这种期望变化。在转变的早期，人们将需要你的大量支持。

领导我的组织

- 领导比自己的团队更大、更混杂的项目团队，建立和自己的团队一样的高度重视履行承诺的工作方式。

- 寻找机会从组织外部学习。是否有竞争对手或供应商极其专注于履行承诺？创造机会向他们学习，将学到的见解带回你自己的组织，并开发新的工作方式来提高绩效。
- 了解两种关键方法：敏捷和精益求精。这两种方法都源于制造和工程领域，但现在被广泛用作使许多组织能够快速有效地进行创新的方法。精通这两种方法。

二十八、捍卫价值观

我捍卫他人的组织价值观。或者换句话说，价值观需要印刻在你的内心，像彩色硬棒糖里的字一样。

"我们是在践行价值观，还是只把价值观印制在卡片上？"这是我们在职业生涯早期都会被问到的关于组织价值观的经典问题。现在，大多数组织在为企业制定价值宣言上做得很出色，并将其以创造性，甚至是惊人的方式发布。这些价值观高调地出现在公司的宣传册、网站或总部大厅。最好的情况下，大批员工对定义价值观和识别阐释每个价值观的行为都有发言权。不幸的是，除了最优秀的领导者之外，对所有人来说一切"已成定局"。

基于价值观的组织和领导力的概念已经存在了一段时间，我们需要回顾过去的哲学家的价值观以及他们在塑造人类行为中扮演的角色。柏拉图、霍布斯和卢梭对社会良知的问题深入思考，今天同我们合作的许多组织采用的也是类似的方式。大多数学习领导力的人都会同意，具有相似价值观的人的行为可预测性提高，可以加强领导者和追随者之间的协作。当团队或组织的价值观一致时，追随者更可能蓬勃发展。

领导者明白价值观是高度个人化的东西，因此会被持续讨论，反复检验什么对人们最重要。其实研究已经证明，虽然明确的组织价值观和个人价值观都很重要，但当涉及工作承诺时，明确的个人价值观对工作投入的影响最大。杰出的领导能力取决于你了解什么对你和每个下属是重要的。

领导我的团队

- 一旦明确了自己持有的价值观以及你认为对团队绩效很重要的价值观，就要找时间与团队成员分享。确保他们理解这是属于你的一套价值观，他们无须对此同样珍视。注意：个体性很可能是你价值清单上的重要一项。

- 根据团队的关系和状态，你也许可以创造一个没有任何判断或批评的安全环境，让团队成员向你和彼此分享他们的价值观。

- 随着时间推移，要对团队成员有更深入的了解。凭借一次一对一会谈无法实现深入了解，单个外出团建日同样不行。注意每个人在日常工作中为什么会感到兴奋或沮丧，他们什么时候处于最佳状态？为什么？对此类问题的回答将为你提供了解团队成员价值观的线索。

领导我的组织

● 我们希望你的组织已经完成了形成"公司价值观"的实践。你知道这些价值观是什么吗？你知道人们期望你作为领导者如何成为践行价值观的榜样吗？列出这些价值观不重要，重要的是你知道如何将价值观转化为高效的行为。

● 确保这些价值观能映射出你团队的价值观。与团队成员一起探讨两套价值观是否接近，可能存在哪些差距。对下一步行动取得一致意见。

● 与职能部门的人力资源业务合作伙伴或学习与发展团队的成员安排会议。请他们分享如何看待组织价值观（即使还没有一套正式的价值观）以及你作为领导者日常对这些价值观的践行。致力于做到知行合一。

二十九、正直

我行事正直。或者换句话说，**成为良好的企业员工**。

做正确的事永远没错。挑战在于要知道在任何特定情况下什么是"正确的事"，尤其是当你要对许多人员和结果负责时。以自己的正直品格为导向，做出一致的决策至关重要。

"正直"是个释义很广的词，涵盖品格、荣誉、道德和正义行为的方方面面。正直意味着一个人的话语即契约，一旦承诺做某事，就会竭尽全力实现。正直并非总是成功的保证，但总是代表他们会尽其所能兑现承诺。

我们谈论正直时，为获得最好结果所付出的努力和意图比结果更重要。如果你的意图纯粹，可以证明你的理由，你依然可以说自己行事正直。

你越清楚自己的目标及珍视的价值观和信仰，就越容易保持正直感。你可能需要按要求裁员，但又觉得此人受到了组织的不公平对待，这时你如何处理？当然，最终你可能无法阻止那个人被解雇，但作为领导者，你不会忽视自己在这种情况下的感受和想法，因为这与你自己的公平感和所谓的"正义"相冲突。

在这种情况下，即使该决策的商业理由相当明确，你也应该大声疾呼，提出理由，尝试至少推动对情况的重新审视。你会问自己："什么也不说任其发展，这样对吗？"或者"感觉哪里不对却闭口不言，我能接受这样的自己吗？"然后你可以利用自己的价值观来确定正确的做法，通常你能察觉到怎么做才算正确。

领导我的团队

- 与团队共同制定一套准则，指导你如何做出有效、道德且公平的业务决策。确保该准则取得一致认同，并得到清晰记录。

- 检查新准则是否在组织框架内，如是否符合人力资源政策，在框架外工作毫无意义。

- 使用这些准则，尤其是在没有明确前进方向的关键时刻。让"准则"指导大家如何决定，走哪条路线。

- 使用这些准则时，在每个关键决策后回顾其有效性。确定是否需要以任何方式增删改变，以使其成为更好的资源。

- 需要做出特别棘手的决定时，务必要找到可以信赖的人，让他们为你提供公正的建议，充当参谋。导师、教练或同事都可以提供此类支持。

领导我的组织

- 重新调整自己的领导者角色。是的，你领导团队，但重要的是你要意识到并接受自己也是整个组织的重要资源。加强领导者的角色，把保护整个组织作为主要责任。

- 为"做正确的事"代言，但没必要表现得那么专制或走极端。同样，当你意识到事情没有做到最好时，也不要不好意思说出来。

- 自愿为项目团队、特殊利益集团和战略集团提供支持，前提是你认为自己可以为它增加一些价值，和/或可以了解到组织希望如何带来重大成果。多元化包容小组刚成立？加入它。健康工作小组刚起步？自愿作出贡献。

三十、高绩效

我打造卓越文化和高绩效文化。或者换句话说，**欢迎来到问责中心**。

问责制是为你自己、团队和组织打造高绩效文化的基石。**"责任感强的人不仅承担个人的责任还承担全部的责任，以产生相关且及时的结果来彰显卓越。"**

让我们深入探讨一下这个观点，整句话由两个重点组成：

"个人的责任和全部的责任"

责任感强的领导者不需要自己完成所有工作，但他们往往乐于承担交付工作时的最终责任。

"相关且及时的结果"

领导者知道他们不可能独自完成所有的任务，因此他们至少要做好两件事来确保任务按时完成：

- 首先，领导者要知道团队中谁拥有合适的技能，可以放心托付他来取得符合目标的结果。
- 其次，这些领导者也拥有出色的监管体系来把握当前工作流程的进展，很少会有项目因从他们的视野中溜走而错过。他们避免压制那些负责交付结果的人，但也不会采取放任自流的态度。

彰显卓越

作为领导者，要制定一个团队/组织公认的卓越标准，从自己开始坚守该标准，然后要求团队也这样做。如果团队成员看到你总是不能表现出高度责任感，你就无法期望团队表现出色。

建立问责文化会给你、团队和组织带来一些重大成果，因为问责文化能：

1.减少你用来激励他人全力以赴的时间投入，因为他们自己便能做到。

2.节省分析根本原因的时间，因为人们能够把控结果并承担错误。

3.增加有效领导的时间，不用纠结于细节。

4.创造自由选择的环境，你开始吸引高绩效者，摆脱那些不想承担责任的人。

5.更好地长期维持高绩效。

领导我的团队

- 召开每日团队会议，核查进度。

- 要求每个团队成员具体汇报他/她昨天取得的成果，全力以赴完成今天要达到的目标。

- 确保每个评论都得到跟进，最好用电子表格记录，这样你就能知晓团队各方面的进展情况。

- 提供挑战和支持。你觉得如何才能帮助他人提高表现，据此给予挑战和支持。例如，有时可以说一两句鼓励的话，有时可以直接询问为何进度似乎停滞不前。

- 当团队成员实现关键里程碑时，认可他们的成就。定期调整认可标准，保证标准不断提高。

- 确保团队知道你正在进行的工作以及取得的成果。毕竟你是团队的一员，而这是建立团队文化的好方法。在团队文化中，每个人都应始终保持较高水平的表现。

领导我的组织

- 最先关注自己的表现。确保你的业绩记录堪称典范，在技术领域和领导角色中表现出色。

- 接下来，确保你的团队绩效最佳，外界评价最好。

- 支持同事的表现。回顾每个人参与的项目，在可能的情况下提供支持。

- 与直线经理安排一次会议，分享你对项目进展以及如何提高绩效水平的见解。询问他们有无要补充的内容，或者有什么不同看法。

- 在合适的论坛上以合适的方式，对你的同事/老板可以做得更好的方面提出质疑。现在你明白为什么你/你的团队需要表现出色了吗?

- 如果你观察到组织在各个层面上都表现不佳，那么承担起组织领导者的角色，向目前这种不可接受的情况发起挑战。

第九章

提倡卓越

洞见

未来　　抱负　　高标准　　清晰且自信　　承诺

提倡卓越：引言

领导者会描绘一幅迷人的未来图景，吸引他人共享未来的成功。他们以清晰且自信的态度表达对共同愿景或事业的承诺与热情，并向他人说明如何实现雄心抱负。他们通过描绘卓越的面貌并鼓励他人为之奋斗，为人们设立了高标准。

三十一、未来

我描绘了一幅迷人的未来图景。或者换句话说，**让自己成为一个有远见的人。**

想充分吸引优秀人士？那么你需要建立共同的卓越愿景。

人们越清楚自己想要实现的目标，就越有可能保持高水平的表现。

你肯定听说过这样一句话："如果敢于梦想，你就能够成功。"从字面上看，这可能不是什么很有帮助的建议，但它确实与可视化理念相吻合。可视化是一个重要工具，从体育到表演再到军事等各个领域中表现最佳者都在使用。"看到"未来的情形会让人觉得有些事情可以实现，带来确定性，而没有可视化就不会有这种感觉。这种信心反过来使"为之奋斗"更加令人向往，而非令人恐惧。

建立的心理图景越丰富，你和团队就越能理解并实现你所创造的愿景。最有效的视觉化甚至能让运动员不去健身房就能在实验中增强体力。

美体小铺国际有限公司极富感召力的创始人和领导者安妮塔·罗迪克宣称只有你才能看到自己的愿景。罗迪克提出了一个非常重要的观点：只有你才能看到你所看到的，如果你待在封闭的房间里独自创造愿景，你的团队可能就无法"理解它"。这个愿景对你来说独一无二，很难与他人有效共享。

此处的关键信息是：在创建团队愿景的过程中，要让尽可能多的人参与进来。花点时间做这件事。愿景不是在"外出团建日"一天就能确定的，通常需要多次迭代和完善。但你的目标越明确，就越容易创造出实现目标的愿景。

领导我的团队

注意：进入本节前，先阅读下面的"领导我的组织"可能会有所帮助。

- 下次与团队成员进行一对一会谈时，询问他们认为团队可以/应该实现什么目标。

- 将所有答复汇总在一起，确定明确的主题。将这些主题与你自己对团队未来和团队目标的想法进行比较。

- 接下来，花时间和成员共同描绘出团队的未来面貌和应取得的关键成就。

- 问这个问题很有帮助："当我们完成任务时，这支团队在5年或10年后会是什么样？"

- 确保至少与两个人进一步互动非常有用：一位新愿景的拥护者和一位不太参与的怀疑者。和两个人一起共事，再分别与两人共事，直到形成一个双方都能"看到"的愿景。

领导我的组织

- 你的组织可能已经创建了愿景。作为领导者，你首项工作就是熟悉这一愿景，并了解它对你领导角色的影响。

- 组织的愿景会明确关于或者针对领导者的某些价值观和标准。经常审视自己的行动是否符合该愿景。

- 确保你与团队共同创建的愿景以及你设定的关键目标，与整个组织层面的愿景保持一致。你的团队正在做的工作应为组织实现其愿景服务。
- 当直线经理为你设定要交付的项目或目标时，始终对照更大的愿景进行核查。如果你看不到自己工作和组织愿景之间的联系，向老板询问。要确保你可以看到直接联系。
- 当你的组织创建新愿景时，确保他人知道你渴望参与其中。如果可以的话要尽早参与。这将使你更深刻地了解组织的战略思维，帮你更充分地调整团队的工作。

三十二、抱负

我向他人说明如何能实现他们自己的抱负。或者换句话说，**能够回答"对我有什么好处"**。

追随者不太可能投身于你的想法和项目，除非与业务结果联系明确，而且更重要的是，他们能从中获益。被要求加入挑战重重的繁重工作时，提出这个问题完全是人类的天性："为什么我要全力以赴支持你的想法？"

要想创造意义就要详细了解受众的构成，以便建立联系并产生影响。无论计划受众是一个人、三个人还是一百个人，优秀的沟通者会从他们中提取信息。他们研究受众：

- 受众现在在想什么？

- 是什么让他们夜不能寐？

- 他们当前面临的挑战是什么？你想说些什么来帮助他们？

优秀的沟通者会设计沟通方式，以便在对话或演讲的早期就能与受众感兴趣的领域建立联系，并调整方式以适应受众的观点。

研究告诉我们，要做到以下几点才算沟通得好：

- 清楚你在说什么。

- 承认你所说的话很重要。

- 对这个问题足够关心，想要为此做些什么。

- 通过沟通，清楚地了解他们想要什么或需要做什么。

无论你计划得多好，都需要学会调整自己的沟通方式。不断收集信息，这些信息可能对你建立互动关系有帮助。了解你的受众当下关心的重点，调整信息和表达方式。

领导我的团队

- 回顾你和团队中每个成员开会的频率。改变日程，保证你每两周至少和每个人见一次面。如果低于这个频率，你将无法及时了解最新信息。

- 让一对一会谈成为团队成员讨论工作的机会，但也要明确地留出时间来探讨目前对他们而言重要的事情、他们对于团队的运作方式的想法以及你如何领导他们等问题。
- 在团队会议中，请团队成员根据团队的目标、愿景和使命审视他们的工作。定期使用这些关键的战略性团队工具，能使每个人有机会发挥主人翁意识，保持团队在他们参与设计的轨道上正常运转。

领导我的组织

- 当你要向直线经理或高管团队成员做汇报时，首先要从听众的角度详细规划报告，再考虑具体内容。
- 你可以问自己以下 10 个有用的问题，帮你提高对听众的认识。这些问题的答案将帮助你组织内容。

1.都有谁在这个房间里？

2.这些人为什么在场？

3.每个人对你的报告主题感受如何？

4.如果他们按照你的要求去做，对他们有什么好处？

5.你如何使自己的信息对每个听众都更具吸引力？

6.你需要如何露面才能产生有效影响？你应该怎样穿搭？

传达多少能量？用什么语气？

7.你如何帮助每个人解决他们的问题？

8.你清楚自己想让他们做什么吗？

9.他们会如何抗拒你的信息，你又将如何应对这种抗拒？

10.你预计会遭遇哪些"棘手时刻"或"棘手问题"？你将如何应对？

三十三、高标准

我为包括自己在内的人们设定了高标准。或者换句话说，**成为标杆**。

领导者非常善于设定明确的标准，并将这些标准清楚地传达给下属。如果我们要和你的团队交流，他们对你期望的标准有多了解？

如果你知道自己作为领导者的目标，并且已经和成员共同确定了团队目标和每个人在团队中的角色，那么标准的明确性应该就不成问题。你对团队的目标、愿景和使命的了解越模糊，人们就越难知道你的期望。因此，提高领导力的第一步就是确保团队中每个成员对团队的目标、愿景和身份都有清晰的认知。

为团队准备好这些战略工具后，你就可以深入了解以下信息：

a.你期望人们实现的成果；

b.你期望人们如何表现。

如果每个人都知道这两个关键方面的具体细节，你和整个团队都将受益。不独断独行的前提下，你应该对绩效和行为这两个关键方面的卓越标准有清晰的认识。如果确立标准并编入"工作方式"手册成为整个团队共同经验，那么每个人都会从中受益。

注意：不要像许多领导者最初那样错误地假设：因为每个人都同意标准，所以标准就会奇迹般地达成。并不会这样。

高度追求卓越的团队需要领导者来加强标准的一致性。这主要是由于对特定标准含义的解释存在细微差异，或者仅仅是因为旧习惯可能需要一段时间才能改变。在团队中，领导者要充当向导和导师以确保一致性。

领导我的团队

● 从今天开始，每当你为团队（或个人）设定关键目标时，除了知晓要实现的成功是"什么"之外，一定要让他们承诺"如何"实现目标。输出和行为必须与团队的目标和愿景保持一致。

● 不用事无巨细地安排工作，定期更新工作进度即可。

● 询问团队成员、同事、客户和其他相关人员项目进展情况，并向团队/个人反馈意见。

- 发现何处工作完成出色，向不够接近最初共识的工作提出质疑。

- 取得出色的成果时，通过与团队讨论，制定一份"工作方式"手册，阐明团队如何取得卓越成果，这些原则将作为未来绩效的指南和标准。

领导我的组织

- 你作为组织内领导者的"成就"及"实现方式"记录要足够好，这是最低要求。

- 记住：我们不追求完美，而是随着时间的推移不断追求卓越。

- 审视你领导范围内目前有哪些方面尚未达到组织期望的卓越标准。承诺做出改变，实现提升。

- 为你工作范围之外的项目团队提供志愿服务，或是在开始之前选择一个特定领域。承诺你将如何"露面"，在工作中取得哪些卓越成就，让自己坚守承诺。

- 如果你发现有不当行为，找到质疑或举报的方法。对于有些事情，比如在饮水机旁闲聊，当下提出质疑就足够了。有些事情则需要举报，比如职场欺凌。不要害怕以高标准要求他人。

三十四、清晰且自信

我在公共论坛上发言时思路清晰，信心十足。或者换句话说，**大声点！我们听不见。**

"如果你不够坚定，那么说话时这一状态就会以某种方式呈现出来，引人关注。人们可以感受到你是否有激情、承诺、能量和决心。"

——汤姆·彼得斯

最优秀的领导者对他们的话题充满热情。如果你希望别人像你一样关心你带来的信息，就需要表达出来。如果你和信息联系颇深，就用更大的能量和更高的清晰度来表达。如果你要说的话对自己确实很重要，就更自然、更自信地交流。

在说服听众接受你所说的一切之前，他们必须和你建立信任。问问你自己：

1.我的交流对象尊重我吗？

2.人们觉得我值得信任吗？

3.听众是否相信我知道自己在说什么？

至关重要的是，只有你知道自己在遵循这些原则还不够，你的听众也需要知道这一点。

我们的价值观即行动彰显出来的信念，通过我们的所作所为、所说的话以及说话方式来表现出来。价值观使我们在听众的眼中和耳中拥有可信形象。关于"来源可信度"的研究表明，要说服人们，我们必须表现得值得信任，能够胜任每天的工作。重要的是，除了拥有他人的信任，我们还要活力满满，能够鼓舞人心。如果你与他人分享你对相关话题的热情，就会得到回应；如果你假装热情，就会被看穿。坚持你真正相信的东西，你会找到和听众产生联结的办法。

领导我的团队

无论你是只和自己的团队沟通还是和更广泛的受众沟通，以下都是让你能够像专业人士一样进行交流的建议：

排练——像史蒂夫·乔布斯这样杰出的商业演说家由于执着于排练，做事时才能看起来毫不费力。

练习时不要使用幻灯片或脚本——如果你想与听众交谈，就需要能够在没有详细笔记的情况下发言。

用视频记录自己的表现——回放并标记可以改进的地方。以我们的经验来看，这是一种被低估的实践模式，现在使用移动技术很容易实现。

在可信赖的朋友面前排练——让他们对你的信念和清晰度给出一些诚实的反馈。

预先尝试回答——以你的价值观为指导，尝试回答你预期会被问到的刁钻问题。

寻求反馈——在进行现场交流之后，邀请听众对你的汇报提出反馈意见。

当团队成员需要独当一面时，你竭尽所能实现有效沟通也为他们树立了标准。

领导我的组织

- 致力于成为一名真正优秀的公众演说家。我们已经说明了，演说对你作为领导者而言是一项重要技能。此外，成为公认的优秀演说家后，你会受到邀请做更多公开演讲，从而提高你在组织内外的领导地位。

- 在组织之外寻找发表公开演讲的机会。从最基本的开始，选择一个你对自己的知识储备有信心的领域进行演讲。也许你可以先找合适的演讲场合，让你能够谈论工作以外的激情。去当地学校或商会给学生们演讲。要抓住任何机会发展这项技能。深吸一口气，去努力争取吧！

三十五、承诺

我对愿景展现出激情，许下承诺。或者换句话说，**我们现在都很兴奋**。

打造一种充满兴奋感的工作文化和工作环境是件好事吗？领导者带头嗨，其他人一直嗨下去的环境适合工作吗？让我们来看看……

我们猜，像你们中许多人一样，我们无疑都被培养成尊重权威的人，也被鼓励将工作视为认真努力会得到回报的地方。我们知道这样是出于好意，但是过于天真！

当然，许多这种努力工作的伦理很有帮助。但它催生的副产品就是事实证明，除了找到一份非常严肃的工作外，你很难做其他任何事情。虽然领域完全不同，但在早期职业生涯中，我们总是小心谨慎，不想让别人认为我们过于享受上班时间，因为我们与周围的领导和经理对工作的看法相似：只有工作没有娱乐。

但是，如果极端严肃成为压倒一切的组织基调，领导者的思考方式就存在一个严重的缺陷：假定"严肃"的环境会反映或至少会产生坚定的态度。但不一定是这样。值得一提的是，相关性并不等同于因果关系。

　　另一方面，太多躁动的声音也不好。过去17年里与领导者举行了数百次会晤后，我们确信"没多大意义的娱乐"并不能解决问题。只有噪声没有实质肯定不代表领导力，这往好了说是啦啦队，往坏了说低效且丢人。

　　但同样可以肯定的是，在枯燥乏味的环境中，如果不能抓住机会让人们对要实现的目标产生真正的激情，也不能展现有效的领导。这种情况往好了说是把控得当，往坏了说，就算有意为之，该环境也无法最大限度地发挥人类的卓越才能并产生惊人的结果。最优秀的领导者明白适度热情的必要性并想办法激发热情，尤其是在关键时刻和重要项目上。

领导我的团队

- 调整团队情绪。大家此刻精力充沛且充分参与吗？是否有种坚定努力的感觉？是否疲惫、无精打采？学会观察这些细微敏感之处对你很有帮助。

- 你理应意识到自己的情绪和精力及其可能对团队产生的影响。领导者的性情具有感染力，因此要敏锐地意识到你当前的表现。

- 定期与每位直接下属联系，关心他们的感受。这有利于你在他们需要时尽早帮助他们，或者在适当的时候提出质疑。

- 你只需改变日常工作方式，即可提供所需的少量能量。可能的选择有很多，包括：

    ○ 在不同的时间或地点召开团队会议。

    ○ 陪同团队成员去拜访客户。

    ○ 和几个团队一起参加会议。

领导我的组织

- 承诺一旦你出了团队，就要成为团队的形象大使，代表团队的能量和对更大福祉的承诺。

- 在力所能及的情况下，激励他人提升自己的水平。当你与同事和高层领导建立良好的关系后，敦促他们表现出最高水平。

- 主动在组织内担任导师角色。积极帮助其他初级领导者发展，并确保自己在担任这一重要角色时表现出色，为他人树立榜样。**注意**：如果你无法在这个角色上展现最好的一面，请不要提出该想法！

- 寻找机会与他人分享你的团队愿景。这将使你脱颖而出，塑造一个为了团队成员、客户和整个组织的利益而追求卓越绩效的领导者形象。

第十章

欣赏卓越

洞见

认可　　创新思维　　进步　　向外发掘　　分享想法

欣赏卓越：引言

领导者确保人们因工作取得成果而获得奖励，认可践行共同价值观的员工。他们总是希望挑战自己的思维和假设，因而能接受多种观点。他们鼓励创新思维，并不断寻求表现上的微小改进，最终产生重大影响。他们从组织边界之外寻找灵感和新思维。创造一种环境，让人们感到表达真实想法是有价值的，并受到鼓励分享想法和信念，这对领导者来说很重要。

三十六、认可

我确保人们因为工作取得成果而得到认可。或者换句话说，

你曾得到太多的认可吗？

你曾得到太多的认可吗？不太可能吗？多年来，我们向数百人提出这个问题，没有人回答"是的！"我们和人们围绕如何获得"过度认可"提出了很多假说论证，但和我们交谈过的人中，没有一个人能举例说明他们是"过度认可"的受害者。他们会举例讨论工作中哪些方面本可以更有效地完成，哪些方面根本无法进行。不过最常见的大问题是，人们甚至很难在整个职业生涯中找到一个获得认可的重要事例。

事实是我们都比自己想象的更脆弱，更需要帮助。而且，欣赏他人的出色工作会使你自我感觉更好，也会增加你的追随者在他们的工作和在你身上加大投入的可能性。

在工作场所，芭芭拉·弗雷德里克森等研究人员发现，**高绩效团队**中正面反馈与负面反馈比例是5.6∶1。相比之下，低绩效团队中两者之比为0.36∶1。

认可＝确认人和工作的重要性。

需要明确的是，我们这里并不是在谈论每天对工作上的认可，而是通过谈论认可彰显在验收者和旁观者眼中何为出色的工作。我们谈论的那种认可：

- 承认人们对企业的价值。
- 让人们对我们的工作感觉更好，想要再次获得成功。
- 激发人们的动力。

- 在公众场合，认可能够向其他人展示什么是重要的。认可为他人树立了榜样，并传达出你所追求的绩效标准。
- 促进卓越。

领导我的团队

- 注意周围发生的事情。
- 留心并倾听非凡的声音，不要错过任何可以强化重要工作的机会。
- 明确哪些方面值得认可（提示：大体上都是关于实现团队愿景的绩效"表现和方式"）。
- 了解自己在认可他人方面的偏好，但更重要的是要清楚他人喜欢怎样被认可。
- 如果你是那种对赞美不屑一顾的人，考虑一下：这一赞美可能是针对你的，但这也是对你团队工作的认可。即使赞美对你自己的绩效没有太大意义，也不要急于推托。
- 定期回顾你给予的认可如何影响绩效并做出相应的调整……这通常意味着要给更多的认可。

领导我的组织

- 使团队成员获得更多来自团队以外的认可。确保直线经理了解你团队成员取得的优异成果。不要对杰出表现感到不好意思或过于平淡。如果你不能提高对它的认识，那其他人更不可能做到。

- 在适宜的公共论坛上对其他团队的人表示认可。尽量确保他人因出色的工作表现而受到重视，这也能表明你作为领导者无论在哪里都愿意欣赏卓越。
- 挑战未能充分认可卓越的组织文化。需要明确的是，你不一定要围绕财务报酬提出问题，而是说所有高层领导都应充分赞赏许多人为实现整个组织抱负所做的杰出工作。要积极推动更多认可。

三十七、创新思维

我接受不同的观点，鼓励创新思维。或者换句话说，**有迹象显示你的团队遇到麻烦时，你能做些什么。**

之前我们描绘了一幅组织在不断加速的变革下运作的景象。以下3个迹象都能表明你的团队在新世界中没有实现最有效的运作：

a. 人们坚持旧的做事方式。

b. 人们抵制新的做事方式。

c. 人们缺乏创造力/信心/时间去创新。

"苏在的时候，我们……"

如果你听到人们提到过去的事情，其实存在一种内在的渴望，即从了解的做事方式中获得确定性。以熟悉、常规的方式工作几乎不需要付出任何努力。

作为领导者，如果听到这类议论，你需要做两件事：一是承认以往的成就，同时解释为什么旧的工作方式不再适用于目标。二是不要好坏不分一起抛。尽可能保留仍然有效的方法，因为这是对以前工作的尊重，也有利于人们实现过渡。

"我们一直都是这么做的。"

跟上一句话差不多，但感觉不同。这句虽然也表明对过去的参考，但似乎更抗拒新的做事方式，还暗示做事方式只有一种。即使绩效优异，高素质的团队还是倾向于不断寻找更好的做事方式。

"嘿，老板，我能跟你核实一下……"

环顾你的办公桌/工作台。无论是从字面意义上还是从比喻意义上来讲，是否有一条通向你办公桌的老路？如果是这样，就表明你的团队成员没有主动思考，经常向你寻求解决方案，他们利用你作为逃避提供问题解决答案的最后防线。即使有人带着想法来找你，他们也在向你寻求确认。

领导我的团队

- 通过提问来促进思考，提升创造力。

- 利用教练式领导风格提供支持的同时提出高难度挑战，以便你的员工迅速意识到，逃避主动提供合适的问题解决方案不可取。

- 在适当的时间以合适的方式公开认可创新工作，从而加强创新。

- 推动人们创建一系列解决方案，其中包括在现实中最为极端的解决方案。鼓励通过这种"发散思维"引发更大的创新。

- 创建一个工作小组，以跟上技术领域的最新发展。要求小组每月向整个团队汇报他们的发现，并就如何将发现结果纳入团队运作提出建议。

- 为团队成员创造机会，从其他业务部门甚至其他行业中获取经验。商定不同机会中的学习重点，确保他们将学到的经验带回并应用到你的团队中。

领导我的组织

- 向你的直线经理和/或学习与发展团队询问业务交流项目，抓住机会短期借调。这是为组织增值的好办法。

- 同样，在你的技术领域或领导力领域追求高级资格或学

位。明确这样做会给组织带来的好处，并将其作为承诺
的一部分来实现。

- 专心聆听并欣赏同事和上司的不同看法。重要的是，试
  着理解为什么他们对事情的看法和你不同。经常问自己：
  "如果我错了怎么办？"

- 在会议或项目团队中，应努力推动更大的创新和更高的
  创造力。将自己定位为变革和改进的积极推动者。

三十八、进步

我不断寻求表现上的微小改进，最终彰显进步。或者换句
话说，将**所有这些1%的改进叠加起来**。

领导者知道他们的职责就是促进员工深切关心的工作取
得进展。在组织中不断取得微小改进的概念可以追溯到丰田和
Kaizan。Kaizan是一种工作哲学，表明没有任何业务流程完全
得到优化，始终存在改进空间。也称作：

- 边际收益。

- 1%的累积。

- 关键非必要因素。

- 小小的胜利。

这些更为普遍的说法本质上都描述了同样的原理，也彰显在克莱夫·伍德沃德爵士和戴夫·布雷斯福德爵士等体育界领导身上。这些家伙永远不会满足。他们躺在床上彻夜难眠，自问：

- ○ "什么能使它变得更好？"
- ○ "还有什么？"
- ○ "接下来呢？"
- ○ "然后呢？"

他们在组织中创造条件以确保其他人对当前的做法同样持批评态度，并且不回避提出以进步为核心的讨论。

但是进步本身并不足以提高动力和绩效。作为领导者不仅要确保取得进步，而且还要承认进步的发生，确保进步的好处显而易见以及所有相关人员都得到公开认可。人们通过工作获取内在动力，工作往往会带来小小的胜利，但在出现小胜利时，他们往往不善于察觉："我只是在做我的工作。"人们希望听到你说他们所做的工作有意义且有目标，这可以滋养并提供必要的动力，尤其是在艰难时期。

重要的是，当团队成员参与了能够带来进步的谈话或活动（有意义且和团队更高目标联系在一起的事情）时，他们更愿意采取下一步行动，无论那看起来有多么艰巨，有多大挑战性。

他们也更愿意参与那些旨在克服棘手问题和发现创造性解决方案的流程和对话，并为之作出贡献。

领导我的团队

以下是你可以开始实现持续改进的方法，也是你领导团队的一部分：

- **组织审议小组**：涵盖来自不同学科的人员，同时邀请具有不同思维方式的人员参加。指定一个人来记录每次会议上的想法。

- **厘清问题**：明确指出你想要解决什么问题，想要缩小当前和期望状态之间的哪些差距。明确说明本次会议的目的是产生尽可能多的想法。

- **分享想法**：每个人都分享了自己的想法后，进行小组讨论以进一步发展每个想法，并利用它们创造新的想法。在他人想法的基础上创造新想法是集体头脑风暴最有价值的方面之一。

- **审议**：对想法进行分类整理，找出最佳方案。用你的判断力来选择最佳想法进行尝试，同时也要确定如何审议以及何时进行审议。

- **让改进变得有趣些！**

领导我的组织

- 经常在团队之外的论坛上提问：

  ○ 该程序/方法是否仍然适用于目标？

  ○ 我们如何才能做得更好？

  ○ 世界上最好的组织将如何应对？

  ○ 以及其他此类启发性问题，以推动追求卓越。

- 当你有个重要的项目要交付时，向你的直线经理寻求方法建议。请他们根据自身的经验和专业知识，提供能改进你目前选择的其他方法。即使他们的建议不能提供理想的解决方案，他们提供的信息也很可能为你提供新思路的灵感。

- 作为组织的领导者，参与到寻求大规模变革的对话中。询问自己能帮上什么忙，提供不同的观点，挑战一些假设。毕竟这就是你在组织中的领导角色。

三十九、向外发掘

我从团队之外寻找灵感和新思维，或者换句话说，**我们不知道所有解决方法**。

我们喜欢与那些对自己的想法充满信心并愿意将其付诸行动、能够从成功和失败中学习的领导者和团队合作。但是如果过度采用这种方法，绩效就无法得到最大提升，因为：

- 太多的时间花在了重造车轮上。
- 思维变得陈旧。
- 无法看到新的观念和新的可能性。

聪明的领导者会将他们的关系网用于新目的：从其他领域引入新思维。如果有认识的人攻克了一个难题，他们会迅速拿起电话安排会议，了解这个问题是如何成功解决的。他们愿意踏入未知的领域，乐于接受来自任何人、任何地方的想法。他们发现好想法，并愿意挑战旧系统以采用新产品、流程、服务和系统。

在同一组织内以同样方式与同一团队合作会导致思维陈旧。随着时间推移，保持相似的方法会导致创造力的优势和局限也趋同。事实证明，以矩阵式工作方式代替筒仓式工作方式的组织更具创新性，原因之一是项目团队不断变化，新鲜的思维随之产生。

创造力是指以一种为组织增值的方式生成独特的问题解决方案。领导者知道，没有适当的刺激就不可能有创造力。他们知道推动业务发展的潜力与他们探索和采用新观点的准备直接相关。他们知道自己并不需要手握所有解决方法，只需要精力来收集和处理新思维。

领导我的团队

我们看到一些领导者鼓励他们的团队采用以下方法激发创造力：

- 博览群书的领导者更可能具备创造力，更能激发新思维。他们自己阅读通常难以消化的书籍、杂志和博客固然很好，但如果能鼓励所有团队成员都这样做，则会带来更多好处。

- 敦促团队成员拓宽人际关系网络。让他们和不同的人交往，获得新的工作视角。

- 坚持让团队中所有资深成员致电客户，请他们对当前问题以及产品/服务发表看法。

- 与个人举行步行会议。天气允许的情况下出去走走，根据当地的环境安排团队会议。

- 举办团体慈善活动，鼓励大家去与慈善机构或受益人共建或分享技能。这样的体验可以真正改变人们看待业务挑战的方式。

领导我的组织

- 如果你的团队采用了极具创新性的方法来解决关键问题，对其进行案例研究并与团队分享成功经验。

- 让同事知道你欢迎他人借调到你的团队或是和他们交换

人才团队的成员。敦促分享专业知识和思想。

● 在组织内外建立人际网络，并在团队或组织需要新视角
时利用该网络。

● 请人力资源部门为你找一位能够培养领导思维的导师。
他要有出色的领导记录，但是来自其他行业。如果这种
方式行之有效，你和组织都能从中受益。

● 鼓励项目团队进行原型设计。时间紧迫之际，这种方法
能加速问题解决的进程。原型设计要求迅速采取行动并
从中学习，能够满足我们对哪种方法有效的好奇心。

四十、分享想法

我创造了一种环境，让人们感到表达真实想法是有价值的
并受到鼓励分享想法和信念。或者换句话说，**感受恐惧……**

开放、诚实、新想法和新思维是组织卓越的命脉。多年来，
与我们合作的大多数领导者都表示希望下属分享他们的看法，
向他们提出新想法，公开表达疑虑，对体验到的领导力提供反
馈，尽早沟通潜在问题，等等。

在培训会上，这些领导者会说明他们公开鼓励这种行为，
并在团队会议中定期重申这种分享方式的重要性。一些领导人
发现，他们的动员收到了预期的效果。其他领导者则继续因缺

乏沟通和创意生成而感到沮丧，因此他们对周围的实际情况只有错误的认知，对创新知之甚少。

对环境的恐惧将意味着你的团队成员会选择避免风险。他们会希望重复过去有效的方法，采取安全的选择，而不会自找麻烦。大多数领导者希望看到变革带来的创新和增长，但却总是无意识地允许恐惧存在于团队文化中。

领导者知道，他们需要警惕系统中恐惧的存在迹象，并采取措施消除恐惧。他们知道这需要时间和努力，而努力的回报可能是成败之别。他们也知道任何改变都始于他们自己以及他们每天对待他人的方式。

"如果你不犯错，只能说明你就什么都没做。"

——约翰·伍登

当人们说出并讨论自己的错误或问题时，聪明的领导者会认真倾听，关注听到的内容并在做出判断之前收集真实信息。当人们对恐惧的本能反应过快且过度时，他们会用耐心和理解来处理恐惧。

领导我的团队

● 建立一种团队文化，在这种文化中，人们清楚理解并深信错误并不是失败，错误只是消除不可行方法的过程，以便接近更可行的方法。

- 错误发生时，与其心烦意乱地责备他人，不如先自我审视，认清自己在失败中扮演了什么角色。
- 定期问自己：我的期望是否明确？
- 当你表现不佳或没有完成任务时，要迅速承认。犯错时也要为大家树立榜样，分享你从这次经历中学到的知识。
- 当你感觉到人们并没有完全敞开心扉、坦诚相待时，问他们："究竟是怎么回事？"这个问题十分有力，能够引发可能被人们压抑的情绪，尤其是恐惧。
- 为会议设定基本规则，人们可以且必须公开地分享想法和感受，以便共同解决问题。

领导我的组织

- 和直线经理以及同事开会时要直抒己见，不要压抑想说的话。不表达真实想法会使不理想的情况长期存在。
- 如果你能接触到组织的最高领导，积极分享你的观点和疑虑。这么做时也要注意上下有别，不要指责，不要纠缠，不要在错误的时机表达疑虑，比如在年度颁奖晚会上提出这些问题可能不太合适！请他们给你一些时间来分享你的观察结果。

- 如果你确实想在组织内高级别会议上发表意见和分享问题，提前告知你的直线经理。他们不希望对你的行动一无所知，从而暴露出对团队成员的不了解。

第十一章

发展卓越

洞见

共情与信任　　反馈　　教练　　利用优势　　提升水平

发展卓越：引言

伟大的领导者注重增强他人对自己能力的信念，并把帮助他人提高绩效视为首要任务。人们在他们周围会感受到力量和支持。他们通过开诚布公的沟通方式来实现平衡，这一沟通方式鼓励以绩效为中心的反馈，挑战人们不断提高工作水平。

四十一、共情与信任

我通过共情和信任来建立牢固的关系。或者换句话说，**你是否在人际关系上投资？**

无论是客户、同事还是员工，只要他们了解你的价值观，并且知道你会按照价值观行事，就会信任你。如果他们不了解你的价值观，就不会信任你，也不会追随你。同事对你的信任度越高，你从他们那里得到的益处就越多，你的团队也越能蓬勃发展。

但是要当心，信任无价却脆弱。哪怕失信一次，有些人就不愿意像以往一样信任你。如果你知道哪些因素有助于增加信任，就可以避免这种情况。理解信任的要素使你能够构建信任，并确保不破坏信任。信任是所有领导关系的基石。

领导者知道，影响他人对自己信任程度的最大因素是自己的他人导向。人们需要确认你工作时将更大的福祉、团队或他人的利益放在自己的利益之前。这并不是说你没有要达成的目标，只是如果他人觉得你只为自己的利益而奋斗，就会破坏为建立信任和共情做出的努力。人们越觉得领导者对他们真心感兴趣，并帮助他们探索改进的途径，就越能建立起信任。

如果人们觉得你让他们失望了，可能是因为你没有充分关注到他们，把注意力过于集中在对你重要的事情上。言行不一往往会被解读为过度的自我导向。

领导我的团队

- 时间和环境都合适的情况下，真正花时间去了解你的团队，了解在工作上和自身上对他们来说什么最重要。

- 无论何时，只要你的出现能带来价值，就和团队成员一起工作。要乐于助人，但不要陷入微观管理或做你不需要做的工作。
- 避免过度承诺。人们更喜欢成就突出的人，而非承诺过多的人。
- 获得机密信息时要保持其机密性。
- 根据团队成员的期望，考虑应该给他们分配哪些项目和任务。
- 此外，要随时了解人们的状态，由于当前的工作量、个人/家庭的挑战等原因，可能要避免给他们分配某些任务。

领导我的组织

- 尽可能地为直线经理提供潜在的解决方案，而不是提出问题。在向他们提问之前，先充分思考。
- 有时候，当你得知直线经理忙得不可开交，要考虑在事情消停前不要让他们为你的挑战所困扰。
- 进一步讲，主动提出从老板那里分担一些任务。像你一样，有时他们也会陷入当前的困境，根本忘记寻求帮助，试图同时处理一切事务。在这种情况下，你可以提供很大的帮助。
- 思考同事如何表达想法、做出决定。下次如果能得到他们的帮助或对他们采取行动产生影响将会很有用。牢记他们倾向于采取什么观点，你就会发现这种方法更加有效。

四十二、反馈

我提供并鼓励以绩效为中心的反馈。或者换句话说，**我们如何才能把工作做得更好？**

伟大的领导者具有准确地反思自己工作中表现的能力，能够认清自己的可以依靠的优势和需要弥补的差距。但他们也从不羞于请求他人提供反馈，告诉他们如何才能变得更好。

你可能知道自己身上发生了什么，但是只能通过询问他人来判断自己在他人心中的"感觉"。询问他人欣赏你哪些方面，以及你可以做些什么来提高自己的效率，这是发展真正的自我意识的唯一方法。

曾赢得奥运金牌的运动员塞巴斯蒂安·科勋爵进一步说明了反馈对建立高绩效文化的重要性：**"如果你知道如何帮我做得更好却不告诉我，就是让我失望。"**

简而言之，如果你想鼓励团队内部的反馈，那么在给予反馈和接受反馈上，你都需要树立一个好榜样。

请记住，当你寻求反馈时，他人是本着使事情/你变得更好的精神提供反馈的，你也要确保以同样的精神接受反馈。无论你从中学到什么，都应该对他人的时间和建议敞开心扉，心存感激。

有谁被要求提供反馈，他们的指导原则是什么？很简单，如果你想要帮助人们成长进步，那么：

- 让你的反馈具有建设性，利用反馈正面加强良好绩效，突出有待改进的地方。
- 提供具体的信息和示例来支持你的评论。
- 反馈要基于个人观察而非传闻。

最重要的是，要抛开个人好恶，提供公平公正的评价，这将真正为个人发展开辟良机。

领导我的团队

- 向团队说明反馈在建立高绩效文化中的作用。
- 共同探讨团队当前在为团队成员、为你和团队外的利益相关者提供高质量服务方面的表现。试图了解事情为什么是现在这样。
- 长期致力于创建一种高绩效反馈文化，即避免在几周内为此兴师动众，之后就故态复萌。
- 在一对一谈话中询问团队成员：
  - 我做得怎么样？

○ 我需要多做什么？少做什么？

○ 我能做些什么来激发出你最好的一面？

● 在项目完成时将绩效反馈纳入项目计划，更重要的是持续进行下去。确保人们根据反馈采取行动。

领导我的组织

● 当你收到请求，要为他人（无论是你的团队、同事还是直线经理）提供全面的反馈时，都应将其视为荣誉，并给予应有的时间、关怀和关注。

● 定期向你的直线经理和同事寻求绩效反馈。要把握好平衡，因为"定期"很容易就会变成"一直"，给他人带来负担，所以要谨慎判断。只要你有足够的数据保持改进，就够了。

● 在组织内部寻觅导师。与导师约定好，让他们通过实际观察为你提供一些绩效反馈。邀请他们参加团队会议和其他重要活动，讨论他们对你取得的成就的看法。

四十三、教练

我把每个人当作个体来对待，作为教练辅导他们走向卓越。或者换句话说，**在此不推崇"一刀切"**的方式！

高效有力的领导者会采用不同的风格以适应不同的情况，采取的方式由许多因素决定。随着时间的推移，领导者会增加新的风格，使他们能够针对每种情况和每个人选择最佳方式。教练式领导者就是其中一种风格，对多种场景适用，可以添加到你现有的工具箱中。以下是在管理中采用教练式风格的3个关键技巧：

1. 并非所有情况都适用

在一些情况下，教练式领导可能无济于事，例如：

- 如果对个人、身体、声誉等存在直接风险，清晰有效的沟通和指令式方法可能更有效。

但还是有很多机会可以使用教练式方法：

- 绩效评估。
- 项目管理挑战。
- 实现特定KPI。
- 职业讨论。

如果你能提出好问题，并关注得到的回答，就能产生更多益处。

2.并非对每个人都适用

辅导老板等上级可能是个挑战。需要先行在组织内部建立好教练文化，然后才能以这种方式轻松实现向上管理。

另外，可能有些人当下根本不想接受教练式辅导，我们要实事求是地承认有时人们只想要解决方案。教练对双方要求都很高：如果有人太累而无法参与，他们可能更乐意直接知道答案，所以偶尔我们认为这样也没关系。

3.如果你仍有迟疑，就不要采取这种方式

对你的团队、组织，或许还有你自己来说，最糟糕的就是进行教练式辅导时仍然心存疑虑。如果你无法全身心投入每一次教练对话，就不可能做好。

我们的建议是：尝试"少量多次"的方法。无须预订会议室两个小时，也无须尝试全面的指导课程。你不是教练，只是使用教练式风格的领导者。寻找机会进行实时教练对话，可以是在饮水机旁或者在去吃午饭的路上，等等。

提问。

注意对方的回答。

重复。

教练对话要保持简单，以之前的成功为基础，最重要的是要对你有效。不存在有效指导"唯一方法"，所以只管去尝试并

享受结果吧！

领导我的团队

- 向团队说明你将尝试教练式领导风格，将多提问，少表达。

- 与团队成员交谈时寻找任何机会运用指导技巧：倾听、好奇的心态和开放式问题，鼓励对方独立思考。

- 保持你的教练式干预尽可能具有对话性，这并非完整展示领导力的过程。

- 收到回应时，如果你觉得可以鼓励进一步思考和学习，就深入挖掘一下。

- 如果……好吧，事情不总是按照计划进行。做高效有力的教练该做的事情，看看自己在结果中扮演的角色，然后问自己：我能有不同的做法吗？我如何影响了他人给出的回答？我提出的问题中有多少先见或偏见？下次我会有什么不同的做法？

领导我的组织

- 与同事和直线经理分享你进行教练式领导意向，说明你正在将这种新风格融入自己的领导身份。

- 寻找对探索"教练式领导"实践同样感兴趣的人，致力于共同努力取得进步，并根据需要互相提供教练式辅导。

- 询问你的直线经理，你是否可以寻求机会培养教练式领导技能，以便把经验带回团队。
- 询问学习与发展部门或人力资源部门是否可以得到辅导。自己先接受有效的教练式辅导是学习如何辅导他人的最佳方法。两人都可以接受他人的正式辅导，实现持续发展。
- 为团队之外的初级员工提供教练式辅导：他们能得到免费的辅导，你也有机会锻炼自己的技能，整个组织也能随之受益。

四十四、利用优势

我鼓励人们利用优势，管理劣势。或者换句话说，**招募人才，让他们做自己最擅长的事情。**

"了解一个人的优势以及由此应该努力加强和增进哪些方面是自我发展的关键。"

——彼得·德鲁克

要创建一个积极的工作环境，首先要帮助人们专注于他们最擅长的事情。技能委员近期在英国进行了一项民意调查，结果显示1/5的受访者表示他们的工作未能充分利用到他们的技能，41%的人说他们以前曾处于上述状态。

招聘顾问公司TalentSmoothie展开了一项关于"员工希望从职场中获得什么"的调查，对2521名调查参与者在线收集了数据。他们的主要发现包括：

- 一份能发挥个人优势并实现个人发展的工作至关重要。
- 允许发挥自身优势和被信任是最佳的工作体验。
- 基于招聘事宜发展优势。

优势为本的方法始于研究什么有效，以及个人、团队或企业如何在此基础上发展。这就将该方法与更传统的人才培养方法区别开来，后者从欠缺、解决问题或缩小差距入手。

每个人都有自己喜欢或者可以轻松使用的核心技能、能力、品质和特点，形成独一无二的集合。专注于成功、个人和组织擅长的领域以及他们具有天然优势的领域，确实有道理。专注于成功并实现潜力最大化是公认的发展路径。

正面的方法不会忽视关键的缺陷、问题和挑战，只不过是从另一处开启对话，以激发人们的激情、活力和兴趣，进而激发动力和信心。通过关注自己的长处以及团队中其他人的长处，人们会表现出更积极的态度。

大多数人对自己劣势的了解远胜于对自己优势的了解，但正是人们独特的个人品质才能提供能量，提升表现。这些特质照亮了通往精熟、自信和成就的道路。领导者的作用就是帮助员工了解自己的优势，并帮助他们为组织目标作出最大的贡献。

领导我的团队

- 首先审视自己是否以优势为本的视角来评估员工的绩效。

- 不要忽视严重的劣势，要主动帮助人们利用优势来解决这些劣势。

- 你越了解团队绩效并进行定期评估，就越能了解他们的个人及团队的优势。

- 要求每个团队成员都建立优势档案，利用盖洛普优势识别器或我们自己开发的领导者iD诊断，帮助他们欣赏自己的优势。利用教练式领导方法在一对一谈话中讨论结果。

- 分享你自己在领导者iD诊断中得到的结果，以开始理解并发展以优势为本的团队文化。

- 作为年度周期考核的一部分，分享你收集的证明每个团队成员优势的证据（见附录1）。讨论你观察的结果是否准确，并共同计划如何利用优势来提高团队绩效。鼓励每个团队成员自愿承担能够发挥其最大优势的角色/任务。

领导我的组织

- 鼓励组织内外的同事建立以优势为本的档案，如领导者

iD诊断档案。主动讨论他们的分析结果，并本着寻求改善的精神分享自己的结果。

- 同你的直线经理讨论你眼中自己的优势，看两人的意见是否有偏差。

- 在你想进一步发展的领域中寻找一位拥有巨大优势的导师，让他帮你变得更好。不要忘记，更好可以是强化优势，也可以是缩小劣势。

- 在你擅长的领域指导他人。

- 设计项目团队，使其融合项目所需的各种优势。想要高度关注客户吗？确保团队中很多人在共情、探索和平衡方面有优势。

四十五、提升水平

我个人有责任帮助他人提高绩效。或者换句话说，**如果你没有帮助别人提高绩效，那你的时间都用来干什么了？**

伟大的领导者将帮助团队成员不断提高绩效视为自己的责任。听起来像常识吧？没错，但根据我们的经验，这并非常见的做法。我们经常发现共事的领导者认为让员工成长是人力资源部门的责任。这种思维受到挑战时，障碍似乎是人们不将其视为工作，即使他们有行动的意愿，也没有时间去做。绩效评估只是由人力资源部门推动的一道程序，通常60%的完成率即被视为可以接受的结果。

一项研究显示，62%的千禧一代对自己的绩效评估感到"意外"，74%的受访者表示他们对上司和同事如何看待自己的表现"一无所知"。

我们见到的最高效的领导者将帮助他人提升看作自己的职责，并把评估对话视为这一过程中的核心部分。

他们赋予评估对话以下意义：

- 提升绩效（动力）。
- 使工作项目与业务战略保持一致（目标）。
- 确定最佳员工获得晋升和报酬（奖励）。
- 针对发展活动（促进成长型心态）……

他们频繁地参与此类对话。

"各级领导者的任务是帮助他们所管理的人实现未曾设想的发展……这反过来又会使客户、利益相关者和社区感到满意。"

——汤姆·彼得斯

领导者主动承担工作，帮助员工：

1.成为更强大、更自信的业务目标贡献者。

2.实现人格的发展并发展为领导者。

3.发展成为比他们第一次经历你的领导时更有价值的团队成员。

以服务他人为己任的领导者认识到自己肩负着巨大的责任，要尽其所能促进员工及同事的个人发展和职业发展。

领导我的团队

- 你的核心身份是领导者，重要职责之一就是培养团队内外的人。

- 每次与团队成员交谈时，使用以下有力的问题将帮助你始终专注于对他们的支持和发展："此时，在与这个人的交谈中，我扮演什么角色？"这个自我引导型的问题已经在数百名领导者身上发挥了显著作用，他们现在都会定期向自己提问。

- 询问团队成员对完成任务或达成扩展目标的信心，对他们来说是一种解放和安慰，同时也能让作为领导者的你了解到他们目前的能力。认真对待这个问题，并在可能的情况下提供支持，助其发展。

- 定期回顾出色的表现和不太成功的付出是推动整个团队实现高绩效的关键。如果你没能定期这么做，将会浪费大量的学习机会。

领导我的组织

- 支持同事的工作和发展。帮助别人并不意味着你会表现逊色，这并非零和游戏。不是说他们在梯子上前进一步，你就得后退一步。你们两个是共赢关系。

- 以导师或教练的身份为团队之外的人提供服务同样能彰显领导力。

- 无论你在何处看到不佳表现，都要提出质疑，然后提供支持来改善情况。

- 在服务他人时持续投资发展自己，成为一名越来越优秀的领导者，为组织带来更大的价值。

- 无论何时要求你对别人的表现做出反馈时，要抑制住自己对这件事或置之不理或急于完成的倾向。如果你致力于发展他人，那么就将这些机会看作提供最深刻的思考和见解的时机。伟大的领导者都会这么做，就算他们本可以拿太忙当作借口！

第四部分

规划领导者 iD 实践

第十二章

三个工具

投身于实践

那么，现在最好利用你的领导者iD档案以及从45条洞见中收集的想法来回顾你的所有工作，并制订一些计划。这就是"理论联系实际"的开始。你需要对自己诚实，并回答该问题：花时间读完这本书后，你真正致力于实践了什么？

将认真对待自己发展的人与失败者区别开来的3件事：

1. 专注于实践的承诺。

2. 对实践的定期回顾。

3. 每天及每周对绩效和个人成长的反思。

先确定实践内容和方法，然后你需要后退一步，以便回顾进展并准确评估此实践对你的追随者、你自己和你的结果产生的影响。

采取行动：

完成需要做的事

需要什么时候做

响应形势的需要

——格雷格·克雷奇

在开始制订详细的计划之前，请花几分钟时间回想整本书提供的以下提示：

你对领导者 iD 档案分数的反思。

你在自己职位上对成功的想象。

你所处的工作环境。

您想成为什么样的领导者？

开始考虑发展的优先选择时，请牢记这些结果。制订行动计划的方法有很多。当然，你可能已经是该领域的专家，并且工具箱中也有一种经过实践检验的方法。如果是这样，可以立即使用。

我们在此提供 3 种工具供你尝试：

- 领导者 iD 表格。

- 领导者 iD 优先计划。

- 领导者 iD 反思表。

接下来你将看到这些工具，如何开始使用各个工具的简要说明以及一个指导性真实示例。

领导者iD表格

领导者iD表格只有简单的5步，能够帮助你利用领导者iD档案的结果以及你从这本书中学到的知识来确定工作重点。完成简单的表格有助于集中行动。

第1步

牢记……

- 领导者iD档案的结果和思考。
- 通过阅读洞见获得的想法。
- 为成为"你想成为的领导者"所做的努力。
- 对你的角色提出的要求。

……在接下来的几周及几个月里，你会选择将实践重心放在哪些洞见上？

第2步

把这些洞见写在下面的表格中相应的一栏，同时写下相关的策略和你给自己的分数（满分10分）。

第3步

如果像大多数人一样，你想关注的洞见多达10条，你会发现难以应付过来，因此最好将注意力集中在两个或三个方面，一个方面取得进步后，再依次关注其他方面。

第4步

在下方写下实践关注的三大最紧要的优先事项——请写在相应的空白处。

根据表格上的分数和我对工作环境的评估，我最初实践着重关注的3种行为是：

优先洞见1

优先洞见2

优先洞见3

领导力洞见	策略	满分	领导者 iD 档案得分	重新评估 1	重新评估 2
		10			
		10			
		10			
		10			

领导力洞见	策略	满分	领导者 iD 档案得分	重新评估 1	重新评估 2
		10			
		10			
		10			
		10			

表 12-1

你可以用表12-1模板来记录领导者iD档案分数显示急需关注的洞见。

第5步

之后使用最后两栏重新给表格中每个洞见评分。你取得了哪些进展？如何取得进展？

领导者 iD 表格示例：

以下是绩效表格的使用示例（仅针对3条洞见）：

领导力洞见	策略	满分	领导者 iD 档案得分	重新评估 1 15/06/18	重新评估 2 14/10/18
我对企业的共同利益有个人责任感和社会责任感。	共情	10	5	5	6

领导力洞见	策略	满分	领导者 iD 档案得分	重新评估 1 15/06/18	重新评估 2 14/10/18
我向他人说明如何能实现他们自己的抱负。	提倡卓越	10	6	7	8
我把每个人当作个体来对待，作为教练辅导他们走向卓越。	发展卓越	10	3	4	7

表 12-2

表12-2展示了完整的示例，包括3条已确认需要实践的洞见。

你可以从表12-2领导者iD表格示例中得知，领导者iD档案确认了3个需要进行实践的领域。表格还显示在被调查者尝试了本书中分享的策略和技巧后，每隔2个时间段取得了多大进展。

领导者iD优先计划

领导者iD优先计划基于以上表格进行。优先计划要求你对需要开发的领域进行概述，并详细说明将如何取得进展。在此挑战自己，明确你将采取哪些步骤来实现进步。

从绩效表格中确定3个优先事项，思考你想要重点实践的具体活动。从本书中相应的洞见部分获取信息，为3个优先洞见填写"活动"一栏。

接下来，开始为每项"活动"补充详细信息，包括：

- 实践频率；
- 你希望该活动对他人和你的结果产生什么影响；
- 实践时你会注意到什么，比如你自己和他人的反应、感觉以及结果；
- 你打算开始实践的日期。

优先洞见1：

活动	频率	我希望带来什么影响？	我会注意到什么？	开始日期

优先洞见2：

活动	频率	我希望带来什么影响？	我会注意到什么？	开始日期

优先洞见3：

活动	频率	我希望带来什么影响？	我会注意到什么？	开始日期

表12-3

领导者iD优先洞见计划示例：

以下是优先洞见计划发展其中一项洞见的真实示例：

优先洞见1：Q43.我把每个人当作个体来对待，作为教练辅导他们走向卓越。

活动	频率	我希望带来什么影响？	我会注意到什么？	开始日期
在绩效评估中更多运用教练式领导风格	每月回顾	帮助他人独立思考	我会多问少说	6月总结会
发现我团队的希望、梦想、价值观和愿望	每日进行单独谈话	我表现出好奇，营造"温暖"氛围，为教练对话创造更好的平台	我对人的关注增强，更能把重要的事情联系起来	明天开始每日进行
帮助团队成员设定清晰的目标	每月回顾	增加动力，与团队目标保持一致	团队成员更有活力，有更强的轻重缓急意识	6月总结会

表12-4

表12-4展示了领导者iD优先计划的完整示例。

领导者iD反思表

在本书前几章中，我们介绍了对实践进行反思和培养关注现实的能力之间的相关性，关注现实即在实践时要注意到发生在自己身上和周围的事情。我们认识的最好的领导者都擅长定期分析自己的工作表现。他们养成分析习惯，并将其视为一项关键训练，用来发现什么对自己有效或无效，以及发现在特定环境或组织环境中什么有效或无效。

关注周围发生的事情以及你产生的影响，你会找到通往自己领导者iD的路线。抽出时间来反思一天的工作，你会了解到对自己有效或无效的东西，并且按照自己的想法做出调整。学会退后一步，观察正在发生的事情，观察自己的行动，这是实现自我发展的关键。每天试着填写下面的反思表，看看什么能帮助你变得更好。填写过数次后，放在一起回顾一下。你注意到了什么？存在哪些模式？

领导者 iD 反思表

我今天领导得如何？

非常不好   非常好

我为什么给自己这一评价？

表12-5

成功做到的3件事以及我如何在此基础上继续努力：

- _____

- _____

- _____

我想要改进的2件事以及如何改进：

- _____

- _____

领导者 iD 反思表示例

我今天领导得如何?

◀ •• ▶

非常不好   非常好

我为什么给自己这一评价?

我尝试提出更多问题,在评估对话中更用心地倾听,但我发现自己打断了他人的回答,所以在实验中获得不错的分数,但在真正执行时会做得更好……

表 12-6

表12-6展示了每日领导者iD反思表的完整示例。

成功做到的3件事以及我如何在此基础上继续努力:

- 更尖锐的问题使我有信心多做尝试。

- 十分专注于倾听,需要更加集中注意力。

- 对大家的人格表现出浓厚的兴趣,需要加强信心进行更深入挖掘。

我想要改进的2件事以及如何改进:

- 目标设定过于宽泛,需要更加清晰和精确。关注哪些因素能激励团队成员。

- 在评估之前需要先调整好自己的心态,这样我就不会在会议期间因思考其他工作而分心。注意自己在会议中途的注意力集中程度并进行调整。

结语

　　优秀的领导者为正当的理由领导。他们真心想要成为更好的人、更棒的领导者，从而对世界产生积极影响。人，尤其是人群，需要有人领导、设定方向、以身作则。领导者的身份决定了他们设定的方向和做出的榜样。

　　培养良好的领导力基础没有捷径可走。然而，我们针对领导力的工作和研究表明，如果我们要为组织做好应对未来的挑战的准备，发展领导力不仅是可能的，而且至关重要。只有通过不断地实践正确的思想和行为，直到它们成为习惯，成为你自身以及你做事方式的一部分，才能获得领导者iD。领导者创造健康的工作环境，使人们每天都能实现卓越，最终影响结果。由此看来，打造领导者iD的理由从未像今天这样充分有力。

　　作为领导者，你是驱动企业的角色，必须承担起创造学习条件的责任。而这项责任始于你做好准备，发展自我。